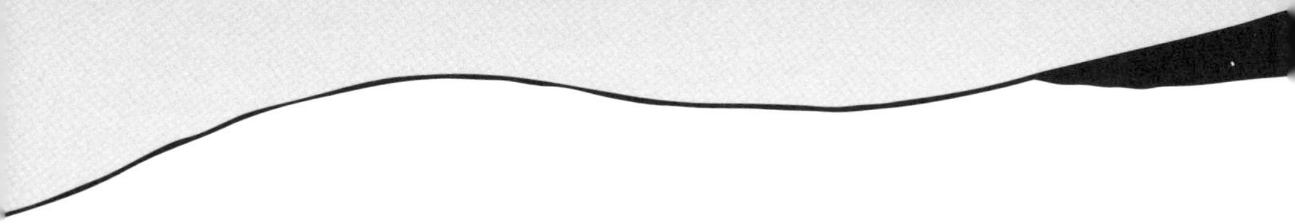

在別人的地圖上，找不到自己的路

推薦序——

# 對生活思索、對自己真實

關熙潮

我曾在一個風氣敗壞的公司兼職，領導老朱每天只做兩件事：做洗腦簡報、想著吃回扣。他主動攬下公司新址的裝修監工任務，訂購了一批山寨桌上型電腦，按蘋果的價格報給財務，如是種種。但每次例會，他都會舉著拳頭大談夢想。

在座的僵屍臉們麻木地鼓掌，包括靠訂餐賺零花錢的老張、老王，靠公關賺禮品費的老李、老趙。當年，他們還是小朱、小張、小王、小李、小趙，我還是小關。我們曾經都是一塵不染的熱血少年，提到未來就亢奮得渾身發抖。

我負氣離職後，聽說老朱的農村老家拆了，他真的成了百萬富翁。我偶爾會在深夜回憶第一次去他家的畫面。那時的他一無所有，在城市裡蝸居，洗手間沒有燈，我一腳踩碎了地上的馬桶蓋。

之後，我又聽說有房有車有嬌妻的老王，為了還貸款急得天天咳嗽，老婆也跟他離婚了。他握著方向盤的手，沾著唇印的右臉，猶在眼前。我們這群人，當初看著那般相似，而今境遇各不相同。真正的生活跟心靈雞湯不一樣，難以區分對錯，難以總結道理。

中國的青年曾熱衷於討論成功學，熱衷於激辯人生真諦。直到「佛系」大軍漸成規模，硝煙才漸漸散去。隨之而來的，是公共知識份子的消失、口才類節目的式微。舊有的價值觀在逐步瓦解，許多選擇題沒有標準答案，比如傳承與拋棄、金錢與操守、自由與自律。

當某些導演的天價別墅在網路曝光時，許鞍華依然租著房子，拍些不賺錢的題材。兩類人都活成了自己想要的樣子，彼此互換人生，肯定都不樂意。正如有人適合穴居，有人適合遊牧；有人天然頑固，有人生來善變。

《一代宗師》中的宮二說：「所謂的大時代，不過就是一個選擇，或去或留。我選擇了留在屬於我的年月。」你無法把二度就業婦女的故事講給她聽。

所以，我討厭別人給我講道理。道理都是個人經驗的凝結，但每個人之間千差萬別。英國作家羅伯特．路易士．史蒂文生一輩子都在旅行。他從小肺部虛弱，自知先天不足，旅行與寫作「延長」了他有限的壽命。他很浪，開酒瓶子的時候中風而亡，年僅四十四歲。不是所有人都能成為他，畢竟他有疾病催促，有財力支撐，也有才華施展。

年初，我的抑鬱症二度發作，痛苦橋段不談。自那之後，我深刻認識到，能保持積極平穩的精神狀態，就是我的人生要務。朋友圈裡轉發的區塊鏈，跟我真沒關係。人，應該有堅定準確的自我覺知，否則淩亂的輿論場會把你轟炸得粉碎。混亂的人生，都是由張惶不定的頭腦驅使的。

澈言用自己的人生經驗，鞭撻那些信口雌黃的勵志毒文。他不是為抬槓而站在對立面上，他厭惡不負責任的慫恿，和騙取流量的空談。這本書裡的故事雖不代表全部，但代表很多人。他敲打鍵盤，靜待有緣人。人應當走適合自己的路，所謂「適合」，是基於環境和天份。這其實是這本書最重要的營養。

澈言遇到了一個在青海湖邊撒尿的人，那個人想用「詩和遠方」陶冶情操。我遇到了一個在倫敦街頭吐痰的遊學生，那個人想用「詩和遠方」提升層次。給他們講「詩和遠方」，其實是災難。

人與人真的不同。我和澈言其實不是一類人。他腳踏實地，我連跑帶顛；他外糙裡細，我外細裡糙。但我們又很相似，骨子裡有理想主義者的叛逆，和重度人格潔癖。他的文章像大蒜，你剝開他沾泥的糙皮，會發現裡面圓潤白滑的蒜瓣，可愛乾淨又清晰分明，雖然味不好。我的像洋蔥，層層包著，傷春悲秋的刺激人的淚點，卻永遠不敢把內核直白地呈現給你。他做得比我好。且，我希望這本書賣得好。畢竟我好久沒吃大蒜了。

作者序——

# 不完美的活出自己，勝過完美的模仿別人

小王最近很迷惘，生活的困苦常常讓他感到無助，於是他問心靈導師：「我今年二十四歲了，北漂，月薪四千人民幣，和女朋友蝸居在昌平的群租房裡。我一無所有，不知道未來該何去何從，請大師指點。」

「年輕人，你怎麼能說自己一無所有呢？」大師開導他，「一、你年輕，有一個健康的身體，這就是你最大的資本；二、你有一份穩定的工作，這就代表你有奮鬥的方向；三、你有一個女朋友，她能給你一個溫馨的家。」大師拍拍小王的肩膀，用炙熱的

眼神看著他，「你既年輕，身體又好，也能奮鬥，還有一個美好的家，你有這麼多東西，怎麼能說自己一無所有呢？」

說著，大師遞給小王一本書，書名叫《人生很長，莫要慌張》，說：「來，這是我最新出版的暖心大作，你拿回去慢慢讀，希望你認真地年輕，驕傲地成長，願你從此愛情溫軟，餘生溫暖。」

小王一聽，覺得很有道理，買下大師的暖心讀物，屁顛屁顛地回家了。可沒高興多久，公司裁員，他失業了；他一失業，女朋友就跟他分手了；失業又失戀的兩座大山壓過來，他急火攻心，又生病住院了，這下連健康的身體都沒有了。

「什麼人生很長，莫要慌張！我現在快慌死了！」小王坐在病床上，恨恨地撕掉了書，「都是寫雞湯文賺錢的騙子，對我的生活一點幫助都沒有。」

我的上一本書是商戰類型的長篇小說，寫得很費勁，但銷量奇差。編輯說算了算了，你就別浪費精神寫小說了，這兩年勵志讀物還有點市場，你寫這個有經驗，就繼續紮根寫點積極向上的故事吧，給年輕人一些勸勉，讓他們相信付出就有回報，風雨過後見彩虹，大家都能有一個美好的未來。

但我知道，無論我寫多少個勵志的故事，對於讀者來說，都是遠水解不了近渴。幾乎所有的讀者（尤其是年輕讀者）都和小王一樣，面臨著同樣的問題，那是圍繞生存和夢想的終極命題。這個命題可大可小，往大了說，是人生何去何從；往小了說，就三個字：沒有錢。

你說是啊，我承認我苦惱的就是沒錢，那請問，該怎麼辦呢？抱歉，我也不知道怎麼辦，因為我也沒錢。而且就算我有錢，我把我賺錢的方法教給你，你照著做了，你也未必能夠賺到錢。因為你不是我，每個人的經歷和能力不一樣，你不可能直接複製我的人生。所以，從這個角度講，除非我直接給你打錢，否則，無論我寫什麼故事激勵你，都對你的生活於事無補。

另一個小王就很識趣，他曾經跟我一樣又窮又沒文憑，找工作處處碰壁。但自從他看了一本叫作《這世界正在遺忘不改變的人》的書後，就痛定思痛，發誓改變。他報了個IT學習班，參加了證照考試，課後又看很多書，晚上背單詞，每天只睡四個小時。後來，他進了BAT，如今在裡面當業務主管。同樣都是看雞湯，為什麼兩個小王的差距這麼大呢？我很不解，就向小王討教：「面試時，他們都問了你什麼問題？」

「沒問什麼啊。」他攤攤手說，「我當時的女朋友是這個部門的HR，她招我進來的。」要是不知道這一點，只看他的經歷，那這就是一個看了雞湯文後勤學上進的正能量的例子；一旦知道了真相，你會嗤之以鼻地說他靠女人找工作，吃軟飯真沒出息。

是，雞湯文總是以偏概全地講述一個「只要努力就能開花結果」的故事，而忽略其中的某些關鍵因素。但這依然不能否定雞湯文存在的價值，畢竟如果小王沒有通過努力使自己變得更好，那他一定很難在大公司裡站穩腳跟，並晉升為主管。

這讓我想起幾個月前的一件事，某個朋友說他文筆很差，問我怎樣才能寫出好文章。我說這事你問我就問錯人了，我的文筆也很差，經常被編輯罵句子不通順，但我最近在某網站參加了寫作小組訓練營，約定不管多忙，每天都要更新一千字，持之以恆地鍛鍊文筆。

我把連結寄給他，說我們一起加油寫吧。他說好，可堅持沒兩天，他就放棄了。之後訓練營結訓，其中一個學員在網站編輯的引薦下簽了本書。此君得知，大為不屑，說：「有什麼了不起的，不還是靠關係走後門。」但問題是人家真真正正地堅持了下來，並且能力確實得到了提升。

有一篇很搞笑的文章，叫《一隻烏龜的人生哲理》，文章中說「烏龜永遠腳踏實地，不慌不忙，就好像一群人中最安靜的那個往往是最有實力的。」

這樣的雞湯文講了等於沒講，因為道理聽著都對，但經不起琢磨。我覺得烏龜走得慢是因為它腿短，而人群中最安靜的人，或許只是因為他內向膽小怯懦，這跟有沒有實力沒什麼關係。

但也不能說這種文章沒用，因為它寫出來就是為了給有同樣經歷的人看的，希望他們看後，能從中尋找到一絲認同感，這對他們來說是一種慰藉。

而同樣作為一個寫作者，我不過是用故事，把你已經懂得的道理又複述了一遍，我也希望你能從中找到一絲認同感。你看完後，會羨慕故事裡的人，他們背了一年的單詞後，就能跟外國人談笑風生；他們堅持閱讀，久而久之出口成章；他們控制飲食，少吃多餐，沒事就泡健身房，一年後八塊腹肌上身；他們說做就做，辭職後騎著一輛自行車環遊世界……

而你呢，看完了他們的故事後，覺得這樣的人生真精彩，這樣的生活真充實，我也要和他們一樣。然後合起書，就又去玩遊戲、看電視、睡回籠覺了。

雞湯文給你的只能是三分鐘熱度，這熱度是你高喊著要減肥的口號，是你在紙上用記號筆標記的重點段落，是你看著 YOUTUBE 的影片教程，是你要每天背十個英語單詞的雄心壯志，是你在除夕夜寫好的《新年願望清單》……也是你一直空想不做，每天晚上睡前重複的懊悔和失望。

「焦躁→看書療傷→許下改變的承諾→心裡舒服一點→繼續無所事事→重複一事無成」，到最後，你只能和開頭的小王一樣，撕掉書罵道：「都是寫書賺錢的騙子，對我的生活一點幫助都沒有！」

每個人都渴望尋找到成功秘訣，想著只要按部就班地去做，就能練就絕世武功，出任CEO，嫁（娶）入豪門，走向人生高峰。抱歉，不存在的。

還是那句話，我要是有那麼神奇的方法，我就偷摸發大財了，何必告訴你呢？我能做的，只是給你講一些好聽又好玩的故事，而至於你能從中領悟到什麼，都是你的事情，和我無關。如果你看完這本書後沒什麼感覺，認為我只是編了幾個故事騙錢，想罵我，也沒關係。換個角度想想，既然時間就是生命，你花了寶貴生命中的部分時間讀我的文章，而你只是想罵我兩句，我也能接受，可能這就是愛的代價吧。

我想用說故事的方法，陪伴每一個和我一樣，曾經或正在這個混亂的世界裡追尋的人。用簡單的語言，說人生的複雜。故事並不總是甜美，偶爾有些嘲諷，偶爾有些黑暗，偶爾有些眼淚。

我不在乎別人罵我，我更在意我良心上能否過得去。雖說這年頭書價不貴，但賺錢不易，時間更寶貴，所以我真心希望我能對得起你，為了閱讀這本書所花費的寶貴時間。如果你看完這本書後，覺得它就如同×××、×××、×××和×××一樣爛，那請你趕緊撕了它，然後去我的微博下面留言，並在書店網頁上狠狠地給我一個差評。

而如果你看完後覺得還行，認為在茫茫的書海裡，它還有一丁點存在的價值，或者我的某個觀點讓你受到了啟發，也請你告訴我。我不需要你給我打五星，我也不需要你寫書評，我甚至不指望你能夠記得我和這本書，我只希望你能好好地活著，珍惜這生命裡得到又失去的人和事。生活中總有困惑，我們需要在黑夜中摸索前行，所以，希望這本寫滿了失敗的書，能夠給你一點安慰和勇氣，讓你重振雄風，更好上路。僅此而已。

道理就是這樣，成長之路很難，除非你天賦異稟，否則像我們這樣的平凡人，想要通過學習某種技能讓自己得到提升，讓人生得到進化，只能耐著性子一點一點地打磨，沒有捷徑。別說心靈雞湯幫不了你，就算真有武功秘笈，你也得付出一定的代價。

檢驗所有你被告知的東西，扔掉那些使你感到束縛的東西。因寒冷而打顫的人，最能體會到陽光的溫暖。經歷了人生煩惱的人，最懂得生命的可貴。人最難受的，不是沒有人懂你，而是你不懂你自己。一個人知道自己為什麼而活，就有了面對風雨的底氣。

第1章

# 在別人的地圖上，找不到自己的路

002 推薦序 對生活思索、對自己真實——關熙潮
006 作者序 不完美的活出自己，勝過完美的模仿別人
023 不要花時間處理生命的浪，卻不知道風從哪裡來
025 無法重現的倖存者偏差
031 你以為的真相，其實不是事實
034 生活實難，活著總有困頓
038 沒有誰過得比較容易
042 自以為的有知比無知更可怕
048 這世界美妙，因為我們不一樣
051 走在曲折的道路上，不代表漫無目標
054 成長比成功更重要
058 似錦繁華的夜，處處有寂寞的信徒
059 命運如刀，有些路，只能一個人走
064 恐懼無法消失，考驗不會停止

目次

第2章
# 對未來有所期，對未知無所懼

071 就算微弱，還想給出一點溫度
074 讓心帶你到想去的地方
081 做自己的太陽，當別人的光
088 未來無限，但現實的選項經常是有限的
090 最難的不是出走，是回來以後如何面對
093 理想的生活有一百種，每一種都是選擇
099 別人的應該，其實真與你無關
102 自以為是，是傲慢更是偏見
104 一個人最低劣的，就是拿著無知當智慧
108 自相矛盾的正義
114 取捨也是一種勇氣
122 幸福有不同解答
129 學著接受是一種成熟，懂得放下是一種態度

第 3 章

# 聽從你心，愛你所愛，行你所行


135 影響你的不是現實，是信念
137 金錢是一根魔杖，輕易就能改變人的模樣
139 擁有面對生活挑戰的底氣
146 你的選擇，決定了你的樣子
150 唯有經歷，才有共鳴
154 結局是終點的，故事是自己的
155 哭過、笑過、痛過、愛過，沒關係，這是人生啊
159 你費力，你笨拙，你走過了一段很棒的路

第4章

# 不喜歡正在走的路，就鋪一條新的


167 別慣壞不領情的人，別餵飽不感恩的心

169 做個好人，但別浪費時間去自證

171 成熟的人了然於心，幼稚的人不明不白

175 逆來，別順受

182 富裕中的貧乏

188 買不起的房與看不見的未來

192 失控的焦慮世代

200 別去抱怨生活的苦，那是去看世界的路

# 第5章

# 因為失敗，才知道努力的滋味

205 現實與夢想拉扯的張力
206 奮鬥的姿態
210 人生不是只有順境，才叫做有意義
215 在風雨前躊躕，在傷痛後成長
221 被心眼絆倒，在誘惑間迷走
224 挑動心弦的角力
227 別讓欲望變成了無法控制的魔獸
234 但知行好事，更要問對錯

第 1 章

# 在別人的地圖上，找不到自己的路

從此不再希求幸福，我自己便是幸福。凡是遇見的我都喜歡，一切都被接受，一切對我都是可愛的。從這時候起我使我自己自由而不受限制，我走到我所願去的地方，完全而絕對地主持著我自己。溫和地懷著不可抗拒的意志，從束縛著我的桎梏下解放自己。

一些道理莫名其妙變成了陷阱，有些是事實，有些是藉口，這條線只有自己知道差別。不自欺欺人，堅強直視殘忍的現實，看清真相之後，要不有種改變世界，要不乖乖改變自己。在這個浮誇的時代，真誠顯得特別難能可貴，對別人是，對自己更是。

# 不要花時間處理生命的浪，卻不知道風從哪裡來

一個朋友的公司拿到了融資，請大家吃飯慶祝。席間，另一個同在創業的哥們兒不停地追問：「唉唉唉，你是怎麼拿到融資的，能不能把秘訣告訴我？」朋友笑嘻嘻地說：「你忘記了，上星期我們倆一起參加一個投資宣傳會，你覺得沒意思，中途走了，我堅持到了結束，會後約了那個投資人吃飯，聊開了，他就把錢投給我了。」

「吃個飯就把錢拿到手了？」這個「秘訣」有點匪夷所思，他不悅道，「那天晚上我是回去加班了。」朋友往椅背上靠了靠，開始給他上課：「就知道傻幹活兒，我常跟你說，做人做事要有方法，別只知道悶頭傻幹。你就是不聽，看吧」朋友拍拍手背，露

出惋惜的表情，「幾百萬沒了吧！嘿嘿嘿。」

這話如同火上澆油，氣得那兄弟悔恨的眼淚奪眶而出。他邊抹眼淚邊抱怨：「要是不加班，我也能拿到投資了。」你？我握著酒杯看著哭成一個笑話的他，心裡直犯嘀咕：「憑什麼？你要是去了就能拿到融資？誰給了你說這話的勇氣？」

雖然朋友把這事講得雲淡風輕，但是我知道，投資人之所以會投資他，是因為他們是校友，雖不同屆，卻是由同一個導師帶出來的。想來，這位投資人在決定之前，已對他做過一番詳細的背景調查。

你覺得你跟他的條件差不多，但你不明白他經歷了什麼，不清楚他有哪些深藏不露的資源，更不知道他背後站的是誰。當你問他：「你為什麼成功？」他可能會一筆帶過地說句廢話：「在正確的時候做正確的事。」也可能洋洋灑灑地給你列舉一百條毫不相關的成功理論。更有甚者，會握著鈔票優哉遊哉地嘲笑曾經的你目光短淺，讓機會白白從手中溜走。

於是，你聯想到那個機遇與你擦肩而過的瞬間，似乎真的錯失了幾百萬的財富，氣得跺著腳，追悔莫及地哭爹罵娘。殊不知，就算時光倒流，再回到同一個起點，那份機遇依然不屬於你。因為它從一開始就與你無關。要知道，成功的人生你不能複製，每個人都有自己的活法。

## 無法重現的倖存者偏差

很有名氣的職業經理人唐駿曾經出了本書，叫《我的成功可以複製》。他在書裡說「為什麼我說我的成功可以複製？」那是因為世間萬事萬物都有簡明的運轉規則，而成功的秘訣是什麼？就是簡單和勤奮。

此書出版之後，方舟子從中找到端倪，爆出了唐駿學歷造假的醜聞。於是，這本號稱能夠「複製成功」的書直接導致唐駿失業。他從新華都辭職幾年後，又出了本書，叫《我還年輕，我還可以重新出發》。那書讓我疑惑，不是說「唐駿先生的成功可以複製，甚至還能複印嗎？」那在家好好「複製成功」不就得了，此刻「重新出發」幹什麼？鍛鍊身體跟大家鬧著玩嗎？

從《創業的成功秘訣》到《我的成功不是偶然》，從《你也可以成為商業神話》到《把自己激勵成超人》，我甚至還看過一本叫《克林頓教我五天成功的秘密》的書。書商們為了賣書，把勵志故事進行簡單歸納，套上一個宏大且精準的標題，讓讀者覺得花幾百元買本書，就可以掌握別人都不知道的成功秘笈，只要按部就班地照著做，就能成功。

可惜，你只能借鑒他的經驗，卻無法複製他的成功，因為每個人的經歷不同，不同的經歷會帶來不同的經驗和資源。你買了他的書，看到他通過那條路走向了成功，於是，你也想換他那條路去走。但當你踏進去時，卻摔倒在坑裡。

你從坑裡爬出來，琢磨半天才發現，原來寫書的人沒有告訴你，你倆穿的鞋不一樣。而走這條路，需要穿雨靴。

繼續講故事，說某地一架飛機失事，從天上摔了下來。經營救，只有一個和尚存活。

更神奇的是，其他乘客都摔得缺胳膊少腿，和尚卻只是輕微腦震盪，並無其他損傷。於是，人們紛紛評論說：「這和尚天天吃齋念佛積了不少德，他能活下來，定是佛祖保佑。」

這讓我想起某個同學講他奶奶小時候被日軍餵糖的故事，他說：「我奶奶講了，日本人都很有禮貌、守紀律，他們救災、發糧食，也沒欺負過老百姓。現在你們看到的那些，都是故意宣傳的。實際上，日本人沒有你們說的那麼壞。」如果我的這位同學，當著經歷過南京大屠殺的後人的面講這話，可能臉會被打腫吧？

我相信，當年的侵華日軍裡，肯定有良心沒有徹底泯滅的好兵，但我更相信，那架飛機裡除了和尚以外，一定也有其他吃齋念佛的好人。

你去問一群旅行者：「遇到熊裝死有用嗎？」你得到的回答一定都是有用。因為那些遇到熊裝死，但仍舊被吃掉的人，是沒機會回答你的。如同那些被侵華日軍殺死的同胞們，也沒有機會對後代講「日本人給他們發糖」的故事。這種「死人不可能開口說話」

所得出來的結論，就叫作倖存者偏差。

同理，那些努力卻依然創業失敗的人是沒機會給你講勵志故事的，那些被成功學書籍打雞血卻依然混得不好的人是沒資格跟你吹牛皮的。媒體的聚光燈只會打在人生贏家的身上，他們把成功者的故事包裝為一本速成指南，供著急成功的人閱讀。而人們是不會注意到那群失敗者的，就算看到了，也只會覺得「哦，又是一群混得不好的魯蛇。」

你覺得別人的成功很容易，是因為沒成功的人不會被你看見。而別人之所以說成功很容易，是想通過賣書再賺一筆你的錢。人生和創業就是一場巨大的倖存者偏差遊戲，贏家們走的每一步都是「存在即合理。」

唐駿在《我的成功可以複製》裡總結說「成功的秘訣是簡單和勤奮」，但那本書從出版到現在快十年了，我還沒見過哪個讀者複製了他的成功。難道只是因為他們不夠簡單和勤奮？

我曾經看過一篇文章，作者寫道「賈伯斯棄養自己的女兒、背叛朋友、辱罵他人等不道德行為，這些在普通世俗大眾眼裡的缺點，對於一個天才來說，都是他最寶貴的優點。」他還特意舉了很多CEO脾氣不好的例子，來佐證這個觀點，例如賈伯斯說同事的設計是「狗屎」，微軟的史蒂夫·鮑爾默發脾氣時有扔椅子的毛病，英特爾的CEO罵暈過員工……

最後，作者得出結論「大企業家們的脾氣多數都強硬且暴躁，這直接影響了他們的管理模式和經營理念，所以才能成功，畢竟性格決定命運。」

這個論點很可怕，也是雞湯和成功學最害人的地方。他們從成功者身上找幾個人們津津樂道的新聞，然後簡單地宣揚某一種特質，把成功的因素單一化，似乎只要你也擁有了這個特質，你就能成功。

性格真的能決定命運嗎？假設有兩個人，一個是富二代，一個是窮魯蛇。富二代性格暴躁，遇事耐不住性子，人們會說富二代的性格直爽，沒問題；窮魯蛇性格也暴躁，遇事也耐不住性子，人們會說什麼？醜人多作怪，活該一輩子沒出息。所以，這兩個同樣性格的人，他們的命運一樣嗎？

有個關於松下電器的創始人松下幸之助的故事。他在公司吃飯時，把做這頓飯的廚師叫了來。廚師很緊張，擔心菜做得有問題。松下說：「你做的飯很好吃，但我已經八十歲了，牙口不好，所以只能吃一點點。我之所以跟你說這個，是希望你看到剩飯菜後別太難過，畢竟我老了。」

你瞧，不是所有的成功者脾氣都那麼壞，性格謙遜的CEO也有很多。賈伯斯能夠成功，只是因為他是賈伯斯，跟他的性格沒有直接關聯。因為他們成功了，所以才有了對別人發脾氣的本錢。

勵志雞湯向來只強調單一因素，例如性格、習慣、態度，甚至興趣愛好等，試圖讓年輕人以為「只要擁有了其中一點，那我也能成功」，而如果「我不能成功，那一定是我性格不夠暴躁。」才怪，你真以為你跟賈伯斯一樣脾氣暴躁就能成功了？

## 你以為的真相，其實不是事實

算了算了，你說，既然人生如此艱難，那我就不折騰了。我辭職去尋找詩和遠方吧，用腳丈量世界，以此來保持內心的寧靜和篤定，畢竟身體和靈魂總要有一個在路上嘛。

說到這裡就不怕再爆個料。很早以前，我參加過某旅遊網站的一個內部活動。會中我看到了一位知名的「窮游女神」，她大學還沒畢業，就跟男朋友開始了一場令很多人羨慕的「無國界壯遊」，並拍了很多美照，收穫了眾多粉絲，是知名的網紅。

我也是她的粉絲之一，在來的路上還在翻她的微博。按理說，這個小姑娘現在應該在沙漠餵駱駝，怎麼又出現在了某旅遊網站的內部活動上？

「昨天坐飛機回來的」朋友解釋道，「她回國談一個影視劇的角色，順便來我們這裡，給合作方的產品做代言。」

「意思是以後就混演藝圈了？」我感歎，「一個窮遊的，做到這樣，厲害。」「什麼窮遊，假的！從頭到尾都是我們策劃的行銷活動。不然你以為一個小姑娘瞎胡鬧能走多遠，這路上的吃喝拉撒睡哪個不花錢？」朋友指了指身後的看板，「如果代言談下來，她之後都要用這個手機在微博上發布行程了，順便宣傳手機的拍照功能。」

「那這手機的拍照效果一定很不錯」，我看著那個手機看板若有所思，「怪不得我總覺得人家的照片都很好看。」也是假的，朋友再次提點我，「她去哪兒身後都有十幾個人跟著。攝影、化妝、打光，都是專業團隊。攝影師拍完了，把照片匯出來給她，她用手機修一修，發到網上，裝作是自己拍的。」

朋友點了根煙，總結道：「就是一場商業植入行銷案罷了，製造女文青窮遊世界的假像，小姑娘名利雙收，我們也做了宣傳。」這樣的行銷案確實很成功。一個漂亮姑娘，一路窮遊，沿途拍好看的照片，灌上勵志的故事，營造了一個脫離現實生活的美夢。她過上了你嚮往的生活，還慫恿你也來一場說走就走的旅行。

但她不會告訴你，這場旅行是因為有了贊助，才遊得那麼光彩亮麗。在看她拍攝的路上的美照時，你有沒有想過那些照片是怎麼拍出來的？她的衣服配飾裝了多少個箱子？誰辛辛苦苦幫她搬呢？車票住宿的錢又是誰掏的呢？真說窮遊，她在沙漠裡怎麼洗澡啊？

旅遊能淨化心靈？玩就是玩，裝什麼清新脫俗？上次在拉薩跟一個西藏本地的朋友暢聊人生。朋友說：「你們總想來西藏淨化心靈，可是我在這地兒待了二十多年了，怎麼感覺我活得比你們還齷齪呢？」

你覺得你的生活苟且，嚮往他們淨化心靈的人生，但實際上，誰又能比誰高級到哪裡去呢？真讓你去一個山清水秀、沒有網路、不能上網，更收不了快遞的世外桃源待上幾個月，看你會不會憋瘋。

旅行就是一種消遣，看就看了，拍個照片，留個念想，到此一遊就行了。回來後柴米油鹽醬醋茶，什麼都沒改變，該面對的人生難題一個也不會少。放下容易，拾起難，別總想著拋棄一切環遊世界。動不動就喊辭職的人不是什麼好漢，有能耐你憑自己本事升個職？

## 生活實難，活著總有困頓

話說回來了，如果我們最終都活不成雞湯故事裡的模樣，那我們到底需不需要雞湯？當然要！雖然我幾次調侃唐駿先生的《我的成功可以複製》，但這本書確實幫我度過了幾年黑暗的時光。

二〇〇九年，我因為年輕氣盛跟老師吵架而輟學，蝸居在鄭州某城中村的筒子樓裡，找不到工作，又沒有錢，還因為交不起網費而被斷了網。當時我的某個同學來看我，臨走時丟下一本書，就是唐駿先生的那本《我的成功可以複製》。在那本書裡，我看到了更大的世界，並常常邊看邊思考我應該怎樣度過我的一生。它就像一針強心劑，常常讓我覺得似乎明天真的會更好一點。

我看著書中唐駿先生從中國到日本，再從日本到美國的人生軌跡，幻想著有朝一日能跟他一樣成為一名「打工皇帝」。我想，雖然我沒有他那樣的能力去那麼多國家，但我應該去更遠的地方闖一闖。

後來，我帶著那本書到了北京，在安貞門的地下室裡，在雙井的隔斷間裡，在四惠的群租房裡，每當我又一次感受到現實的殘酷和人生的無情，我都會翻一翻它。它就像一個充滿了正能量的朋友，站在那裡，時時刻刻提醒我，要學習、要進步、要努力，這樣才不會被時代拋棄。

雖然最終我並沒有在那書裡找到一條通往成功的捷徑，沒能直接複製唐駿先生的成功，甚至它給的那些動力常常變成了打雞血般的三分鐘熱度，但時至今日，我依然感謝它曾經給我安慰，讓我在昏暗的日子裡，重新燃起鬥志。

這些年，我努力過，也放棄過。曾有過一點點成就，但大多數時候，所有的付出皆以失敗告終。在奔三的年紀，也會忽然認命，清楚自己只是個能力有限的普通人，或許我這輩子都沒有暴富的機遇，或許這一生也無法複製誰的成功，但我堅定一件事情，就是我從來沒有停下過腳步。

這也是我要跟你們分享的。我不是要砸誰的飯碗，雖然我在文章裡駁斥了很多的雞湯觀點，但只是單純地想給喜歡讀書的人們提個醒：在勵志成功學大行其道的今天，有無數的書號稱能幫你成功，我們可以去閱讀它，但不要偏信某一本書中的某一個觀點，更不要因此執迷不悟，走上一條偏激的路。

人生沒有固定的公式，也沒有絕對安全、絕對正確，或是絕對能獲得幸福的選項。有些時候，我們不清楚自己想要什麼或想要的太多，但更重要的是，只要能好好釐清我們不需要什麼就好了。

在跨越困難，感到無力的時刻，停下來確認自己的狀態，你是一個什麼樣的人？擁有怎樣的性格？喜歡和需要什麼樣的東西？覺得什麼是真正有價值的？和自己對話、反思、調整與實踐。只有了解最本質的真實自我，你才能做出舒心的選擇，將每一步踩得踏實。

或許會成功，但更有可能會失敗，這很殘酷，但你得認清。希望你在認清殘酷無情的現實之後，還能夠通過一本書獲得愛上這個世界的勇氣。人生路遠，道阻且長。山高水闊，穩健為先。雖然你最終不可能活成故事裡的模樣，但也希望你能帶著這本書給你的勇氣，充滿鬥志地走下去。

# 沒有誰過得比較容易

我有一個朋友，長得很胖，總是被人歧視。於是他一咬牙一跺腳，跑步節食做仰臥起坐，最終，減肥成功，擁有八塊腹肌。醜男大翻身成了校草，每天收小姑娘的情書收到手軟。故事聽著很美好，美好得有點夢幻，似乎只要咬牙努力，就能在一夜之間減肥成功，擁有八塊腹肌。

所有的事情都能靠努力達成嗎？你說我很矮，一咬牙就能長高嗎？好像不太行吧。還拿健身這事來說，每個人的身體狀況都不太一樣，有的人體脂高，需要多做有氧運動；而體脂低的人需要多練器械。你倆的身體素質不一樣，註定你不能直接複製他的訓練方法。成功的因素太複雜了，天時地利人和皆需要，不是只要努力就能達成。

半年前，我去過一趟派出所，陪一個親戚家的孩子報案。他在北京上大學，學校不錯，可惜他從來沒有好好聽過課。畢業後，這小孩抱著瞎貓碰到死耗子的心態，在網上投了簡歷，竟神奇地收到了面試通知。

第二天，他跑到海澱的某個大樓裡參加面試。來了一個HR，張嘴就說他骨骼驚奇，有學電腦的天賦，問他想不想學java。只要在他們公司參加三個月的職前培訓，就能「精通」這門世界第一的電腦語言。學成後，月薪起碼人民幣二萬起跳。

不過，這個職前培訓是收費的，三個月學費一萬八千八。對方又說了，公司現在有個「先學習後付款」的活動，如果沒錢，這一萬八千八的學費可以先欠著，等參加工作後，再從工資裡扣，慢慢還。

小孩一聽能「先學習後付款」，覺得心動，就簽了合約。學了三個月以後，公司把他介紹到另一家軟體外包公司，做了兩個星期，人家以不合適為由直接將他辭退了。

他剛被辭退，就接到了一家金融分期公司的催款電話。這時他才知道，所謂「先學習後付款」，並不是不交學費。他入職時，公司就用他的個人資訊向金融公司辦了貸款。無論他畢業後有沒有找到工作，這筆錢都要他自己還。

16%年利率的利息，加上手續費，共計兩萬多塊錢。一個大學剛畢業的年輕人，本想找工作賺錢，卻被騙學了三個月的電腦，並且除了能用java寫一個俄羅斯方塊的遊戲外，啥都沒學明白，還欠了兩萬塊錢的債……說著說著，他哭了起來，不知道怎麼跟家裡人說這件事。

十五歲的時候，我爸買了台電腦，用來學習打字。因為無聊，我買了張Visual Basic開發的光碟，開始自學軟體發展。有了網路之後，我又跟著網上的教程自學了HTML、JavaScript和php。截至今天，我對著電腦敲代碼的時間加起來至少有幾千個小時了，但我依然不敢自詡「精通。」

而一個零基礎的人，一個對電腦的認知只限於打開QQ上網聊天的人，一個連辨公自動化都搞不清楚的人，如果對電腦沒有極強的天賦，又沒有濃厚的興趣，在三個月的時間裡能學會什麼？

「怎麼學不會？」騙他入學的那個HR說，「我有個朋友，是在大街上賣煎餅果子的，在我們這學習了三個月，一畢業就去百度了！我另一個學生，都三十多了，帶著老婆一塊兒學，現在雙雙去了阿里巴巴！你看看，前幾屆就業的學生中年薪百萬的有多少！他們都能學會，你弟弟怎麼學不會！肯定是他不努力。」

人家都能學得會，你為什麼學不會？問題一定出在你身上。馬雲一個中學教師都能當上首富，你為什麼不能？一定是你不夠勤奮。TFBOYS年紀那麼小，就能成為大明星，你為什麼不能？一定是你不夠勤奮。在騙子的口中，勤奮一定等於成功。而只有真正經歷過的人才知道，除了勤奮以外，天賦、機遇、能力、人脈……這些都是重要的因素。想成功，缺一不可。

撇開那些不談，鼓吹「只要勤奮就一定能成功」的人，一字一句都是為了賺你的錢。

為什麼勵志文章總是在反復強調「勤奮」這一品格呢？那是因為天賦、機遇、能力、人脈，甚至過人的智商，這些都是一個普通人不太能夠輕易獲得的特質。而最容易做到的，就是勤奮。所以，他們試圖讓你相信，只要你勤奮，就一定能成功。但這個世界上有太多勤奮的笨蛋了。

## 自以為的有知比無知更可怕

我認識一個富二代，家裡世代開礦，十分有錢。傳說他父親跟李彥宏曾是同學，於是，富二代一直想做點跟互聯網有關的事情。後來經不住別人「互聯網＋的糊弄，花錢雇了個技術團隊，做了個在網上賣礦的網站。

煤炭是大宗產品，主要的銷售物件是發電企業，採購訂單都是以百千萬噸計的，大部分都有固定的銷售模式。那個富二代一不熟悉互聯網，二沒想清楚網站的運作邏輯，總想先有個概念，之後走一步算一步。他悶頭悶腦地砸了很多錢進去，吭哧吭哧做了兩三年，累了個半死，幾百萬都燒光了。到現在，除了一個網站的空殼外，什麼業績都沒有，一毛錢都沒賺到。

常常聽到編個「勤奮最後成功」的例子，得出一加一等於二的結論，故意忽略這中間的機遇和環境。文章告訴你說，只要努力，醜小鴨都能變成天鵝。但醜小鴨之所以能變成天鵝的真相，是因為它本來就是天鵝。這跟勤奮不勤奮，一點關係都沒有。

十九世紀七〇年代初，俄國和鄰國土耳其開戰，俄軍花大價錢製造了一艘圓形戰艦，它可以全方位地射擊開火。但投入戰鬥後才發現，因為流體力學原理，這艘圓形戰艦只要一開炮，就會原地打轉，根本打不中目標。

二〇一六年，加拿大手機廠商黑莓把無線終端業務賣給了TCL，這標誌著黑莓時代的正式落幕。而在十年之前，黑莓還是全球手機行業的領頭羊，靠著全鍵盤和收發郵件稱霸世界。但到了移動互聯網階段，用戶顯然更喜歡在大螢幕上觸摸的體驗。黑莓嘗試著做過很多改變，但都摸不到命脈，最終只能漸漸衰落。方向錯了，再怎麼努力都沒用。巨頭尚且如此，何況芸芸眾生。

上個月，我的表弟關掉了他的女裝店。對，沒錯，一個大男孩竟經營了一家女裝店。之前，他看了幾本時尚雜誌，就自以為懂女人了。很早之前我就勸他放棄，畢竟女裝生意不好做，一個爺們兒想做這一行，顯然有高門檻。但他不聽，因為有人跟他說「只要勤奮肯做，堅持就能勝利。」事實證明，他確實不是做這行的料，採購的都是淘汰過時的舊款。加上這兩年實體店行情不好，幾年後債臺高築，最終不得不關門大吉。

「只要勤奮肯做，堅持就能勝利」，這話聽起來很美，但你抱著「不撞南牆不回頭」的決心，在一條錯誤的路上消耗時光，而不去解決本質問題，到時候真撞一下，極有可能全軍覆沒。

世間的事講究一個度，雞湯文過於誇大勤奮，忽略了這個度，忽略了努力過程中的方式方法和機遇。雞湯故事告訴你去努力吧，玩著命地努力，不睡覺地努力，一定能成功，畢竟「將來的你，一定會感謝今天拼命的自己。」好，你努力去了。努力了一兩年，你驚訝地發現你不但沒有成功，還落下了一身的病根，甚至就要猝死在工作崗位上了，那時候的你還有感謝任何人的心情嗎？

職場上曾有一種說法：「每天睡四個小時的人，年薪基本在四百萬以上。以此類推，多睡一個小時，薪水就要除以四。」為了佐證這個理論，有人舉蘋果公司的現任CEO庫克的例子，說他一天只睡四個小時，又說「雷軍、馬化騰、李彥宏他們每天也都只睡四個小時，有些甚至不睡覺。」

於是，每當想到已經那麼成功的他們還在努力狂奔，你就會更焦慮。沒錯，成功確實需要勤奮和不懈努力。那些大企業家們確實忙得只能睡四個小時，但如果他們白天睏了，可以在公司睡，可以在賓士寶馬裡睡，可以在私人飛機上睡，可以在很多地方睡。更過分的是，哪怕他們睡過了頭，上班遲到了，也沒人敢批評他們。

我以前工作的一家小公司，老闆總是下午兩三點才到。他到辦公室後，上上網，炒炒股，玩玩開心消消樂，快下班時才帶著我們開會討論專案。晚上九、十點鐘我們饑腸轆轆又睏又累時，他精神抖擻地說：「你們要勤奮，將來才能像我一樣成功啊……」他欲言又止，我知道他下一句想說什麼，他想說：「只有你們勤奮工作了，我明年才能換一輛好車。」

第二天一早，我依然要在九點上班打卡，而他依然下午兩、三點到公司，玩開心消消樂，再帶我們加班到深夜。現在回憶起那段經歷，我真想掄起鍵盤甩到他的臉上。

傳說黃鼠狼在養雞場的山崖邊立了一塊牌子，上面寫著：「大膽拋棄傳統思想的禁錮吧，不勇敢地飛一飛，你怎麼會知道原來自己是一隻搏擊長空的鷹？」從此以後，黃鼠狼每天都能在崖底吃到摔死的雞。這和宣傳「只睡四個小時」的人同一個意圖，他們要麼是為了賺你的買書錢，要麼是為了騙你給他賣命。

馬雲說他最後悔的事情就是做了阿里巴巴，說當老師一個月拿九十一塊錢工資的生活最幸福。那你去問問馬雲，到底是有錢幸福還是沒錢幸福？他在電視裡說有錢不幸福，但他沒告訴你，他在香港市值十五億港幣的超豪華別墅裡享受著錦衣玉食的服務……

資本家巴不得你整天不睡覺，二十四小時為他們賣命，然後擺出一副苦兮兮的模樣，說「你看，我都當老闆了還這麼努力，你們怎麼還幻想睡夠八個小時？」更殘酷的是，你的勤奮和別人的勤奮也沒有關係。別說一天只睡四個小時，哪怕你全天不睡覺，庫克還是庫克，雷軍還是雷軍，你還是你。

# 這世界美妙，因為我們不一樣

高中時，我們班一個不愛讀書的男孩退學了。他跟親戚去了工地扛水泥，兩年後又做起了攪拌機生意，賺了點錢，後來開了家水泥廠。他當老闆的那年，我們班的學習委員從國立大學畢業，到那家水泥廠任職，給他當會計算帳去了。

無獨有偶，同年，班裡另一個女孩也放棄了高考，她進了一家化妝品公司做銷售。因為能說會道，業績飛漲。後來，她交了一個男朋友，兩人貸款開了家小公司。結果公司剛賺了點錢，那渣男就跟小三跑了。散夥後，她一個人撐起這個爛攤子，硬著頭皮還了兩年賬。

時至今日，她在鄭州有三間房，並做了某化妝品的獨家經銷商，而當年她的那些功課好的同學們，都在她手下做產品的微商代理。

「我初中同學的媽媽向我吹噓，她家的孩子是知名大學畢業的，正準備去一家很好的企業工作，殊不知，我正在考慮是否錄用他。」這是網上的一個段子，但也是部分現狀，連媒體都報導說：登上胡潤百富榜的兩千多位，資產達二十億及以上的企業家中，有一半人沒有大學或碩博士學歷。

胡潤說：「按照社會標準，這些人或許最不可能成功，但從財富報告來看，他們成功了，而且創造了非常偉大的企業。通過做這個報告，讓我學到了英雄不問出處這句話。」

有個北大的畢業生，叫陸步軒。他從北大畢業後，開過化工廠，也做過不少小生意，但混到三十四歲還沒混出個名堂，最終，他無奈地去賣豬肉了。有人採訪他，他說「我讓母校丟了臉、抹了黑，我是負面教材。」

自此，這位北大畢業的天之驕子成了村裡的負面教材，每當村民們教育孩子好好學習時，孩子張口就是「上那麼多學有什麼用，北大畢業的都在賣豬肉。」那麼，為什麼這些知名大學出來的學霸畢業生，反而沒有那些曾經的學渣混得好？

有人津津樂道地分析其中的原因，得到的答案是：相較於那些兩耳不聞窗外事、只知悶頭讀書的學霸，學渣知道自己學歷差的弱勢，更願意吃苦，早早地在摸爬滾打中得到了鍛鍊；而作為一個合格的成功創業者，只會學習是不夠的，更重要的是要有溝通能力、對事物的敏感度，和極強的事業心……而這些，都跟學歷無直接關係。

君不見，那麼多大企業家都是退學之後創業成功的，比爾．蓋茲退學後創立了微軟，賈伯斯退學後做了蘋果，祖克柏退學後成了最年輕的億萬富翁……他們都是沒上完大學，卻登上了人生巔峰，這不更證明了「讀書無用論」嗎？

所以，一個人老老實實地上學拿學歷是沒有用的，只有早早離開學校，進入社會的大染缸裡進行歷練，人生才有翻盤的希望……照此思路再寫下去，本文就徹底淪為不折不扣的歪理邪說了。

## 走在曲折的道路上，不代表漫無目標

之所以會討論這個話題，是因為高考前，我十八歲的表弟找到我，言之鑿鑿地說要退學：「上學沒意思，我想找份工作賺點錢，說不定以後還能當個小老闆什麼的。哥，不瞞你說，我有個同學，前年退學，做了兩年網管，現在自己開了家網咖。我看他小日子過得挺滋潤的，一點不比我們差。何況，哥，你自己不也是早早退學混社會，沒文憑一樣過得挺好啊。所以，我覺得早點工作比上學念書有用多了，還浪費學費，多花錢。」

他又問「哥，你最近在幹什麼呢？不然我退學了去跟你混？」「我最近啊……」我愁眉不展地說，「我報了個補習中國高等專科學生升本科考試的學校，最近忙著考試呢……沒想到明年就三十歲了，現在還在忙著考學歷。」

我年輕時過於囂張，早早退學混社會，有一陣甚至不以為恥反以為榮，大肆鼓吹學歷無用論，以為不要文憑，憑自己的能力一樣可以混出點名堂，牛得見誰都橫著走。但走的路越長，越懂得：學歷在這個社會上是多麼重要。

說件丟人的事，我曾經試圖進BAT（百度、阿里巴巴、騰訊）的某家企業。幾輪面試都過了，待遇也談完了，我自以為一切順利，連發朋友圈的句子都想好了，可我卻遲遲沒有等到入職通知。幾番打聽後，我才知道：我被刷下去了。

原因是那個職位的名額只有一個，而和我同時競爭這個職位的是一個名校的應屆畢業生。我們倆的經驗差不多（甚至，我比他的要多一些），能力差不多（甚至，我比他會的還要多一些），要求的待遇差不多（甚至，我要的工資比他還低一點），最後HR選他不選我，因為我只有高中學歷。

後來我去了一家幾十人的小公司，和我搭檔的是個應屆生，沒什麼經驗，每天在公司就吃吃喝喝，吹吹牛，做事也不積極，技術能力一般般，很多資料架構的基礎知識還得我給他解釋。可是他學歷好，北大畢業的，每次我跟他一起見客戶談提案時，老闆總是第一個介紹他：「這位是北大畢業的年輕人，很厲害，是我們公司的明星員工。」

這位北大畢業的年輕人成了我們這家小公司的招牌，無論我工作如何賣力，在他面前，總是暗淡無光。以前人們總說「學歷是職場的敲門磚」，但當你邁入職場，你會發現，你的學歷就是你與人打交道自帶的光環，是敲在別人腦門兒上的第一塊磚。因為當兩個人的條件差不多時，他們往往會更喜歡學歷看上去比較好的那一個。

去年，北京提出了積分落戶政策，使得我們這些外地人也有機會名正言順地留在北京。不客氣地說，我曾出過兩本書，開過一家公司，自認為還算是有點本事，心想是不是能因此多加上幾分，但當我打開政策條款，前一條就潑了我一頭冷水：申請人取得國民教育系列及教育部認可的國內外學歷（學位），可獲得相應的積分。具體積分標準為：大學專科（含高職）十．五分；大學本科學歷並取得學士學位十五分；研究生學歷並取得碩士學位二十六分；研究生學歷並取得博士學位三十七分。

看到了嗎，我大學肄業，連可憐的十．五的積分都沒有。而沒有這十．五分，我就又少了一份留在北京的可能。一個好文憑代表了我人生的分值，文憑越好，分值越高，你說它有多重要？很重要。

## 成長比成功更重要

五個學霸裡，如果有一個創業成功了，人們會覺得「他成績棒，底子好，創業成功很正常」；而五個學渣裡，有一個創業成功了，人們會說：「看，讀那麼多書有什麼用，人家功課不好的，一樣當大老闆。」但是不是所有的學渣都能成功，都能開公司當老闆呢？不是吧！是不是所有的學霸最終都要去學渣開的水泥廠當會計？不是吧！是不是所有的女孩離婚後創業都能成功，在鄭州買三間房？不是吧！

我們在討論一件事情時，要先問「是不是」，再說「對不對」。據我所知，我身邊大多的書讀不好的學生，要麼早早找一份出賣體力的工作糊口，賺一點辛苦錢；要麼子承父業，靠著家裡的積蓄做名個體戶；而極其不愛學習又不上進的，只能流竄在社會上當個小混混。

當你聽到某個學渣進監獄了，你會覺得：「哦，他不學無術，活該。」但當你聽到某個學渣成功了，你卻會驚訝地說：「他是不是走了狗屎運？」然後，你會憤恨自己沒有早點退學去工地扛水泥……否則，今天那個當老闆的人就是你。

可你有沒有想過，那些在工地扛水泥的人裡，能有幾個開公司當老闆？屈指可數吧？不信你也去工地扛幾天水泥，看看你需要多久才能開上公司當老闆！

從傳播學角度講，「學渣給學霸打工」這事說出去很正常，平凡無奇，沒什麼吸引力；但如果「學霸給學渣打工」這聽起來就很傳奇了，編成故事，也顯得精彩，寫成雞湯，更有賣點。

他們告訴你比爾．蓋茲、賈伯斯、祖克柏退學創業，成了人生贏家，卻沒告訴你比爾．蓋茲考進哈佛大學時的成績差十分就是滿分；賈伯斯因為在斯坦福學習到了活版印刷和字體設計，才設計出了 Mac 電腦；祖克柏在哈佛上大二時就已經建立了 Facebook，也是因為哈佛的校友推廣，Facebook 才擴展到其他大學，從而迅速坐穩第一社交網站的寶座。

人家並不是考不上大學，而是因為各種原因想離開學校罷了。但將故事掐頭去尾，文情並茂地講述他們創業成功的故事，大力吹捧不上學也能成功的理論，能夠讓看故事的人更有認同感，會有「我不上學，去工地扛水泥，也能當上老闆」的錯覺。事實呢？

事實是，學霸們會因為好好學習考上一所好大學，讀一個好專業，有文憑和知識，手裡拿著一副好牌。在人生這場比賽中，明顯會比學渣有更多的贏面。而那些學渣因為沒有好好學習而欠缺的知識，終將成為其在創業路上的一道大坎。

我在前面提到的那個「混到三十四歲還沒混出名堂，最終去賣豬肉」的北大學子陸步軒，就是一名在馬拉松後半段逆襲的選手。二〇一六年，他五十歲的時候，終於趕上了互聯網的大潮。他開了天貓店，並成立了屠夫學校，研究豬從餵養、防疫、分割到出售的整個產業鏈。

「現在做出一點成績，將豬肉賣到極致，綜合起來也不覺得丟人了。」他總結道。或許北大的天之驕子畢業後只能去賣豬肉，或許扛水泥的學渣也能當上廠長，人生確實充滿無數的可能。

無論你的起點在哪裡，只要不放棄對生活的希望，不停止奮鬥的步伐，在經歷挫折後，也會有翻身的那一天，就像黃磊在《極限挑戰》裡對高考學子們的叮囑：人生不是短跑，而是一場馬拉松，起跑線不是終點，往後的每一步，你都要走得堅實。

而在這場馬拉松裡，高考只是其中的一道關卡，學歷只是一段路程的證明，畢竟能力才是你立足社會的基石。可是，在往後的人生路上，你需要闖過高考這道關卡，你需要獲得學歷這一張證明，它是你的第二張身份證，能夠幫你走到更遠的地方。

# 似錦繁華的夜，處處有寂寞的信徒

公司來了個新人，應屆生，特別老實的一個小孩，也有拼勁，經常和我們一起加班。那時候技術部有個傳統，每當一個新項目上線，大家就去門口的飯店點幾道菜喝幾杯慶祝一下。結帳的時候每個人平分付款，人均也就四、五十，很划算。

兩週之後，此君就不再參加我們的聚會了，要麼自己點外賣，要麼就自己帶便當。他帶的飯菜基本上是清湯寡水白米飯，同事們都以為他是嫌我們整天大魚大肉的，太油膩不健康。

某天深夜，我本來已經睡了，但一個客戶要我傳個檔急用，於是，我只好叫車回公司。剛開門，就見他正橫躺在會議室裡睡覺。那陣子不是很忙，不用熬夜加班，我便問他怎麼不回家去睡。

「我在宋家莊租了一個隔斷暗間，仲介公司正在給旁邊的主臥做裝修，味道太重了，熏得我頭疼。」他揉揉眼睛：「我先在公司湊合一下，等過陣子他們裝修完了，我就回去。」

## 命運如刀，有些路，只能一個人走

過了幾天，某個晚上，我又回到公司加班，剛走到樓下，就看見他躺在公司樓下的長椅上，和著衣服，在玩手機。「怎麼待在這兒了？」我問，「難道你家隔壁還沒裝修完？」他說「不，隔壁剛裝修了一半，就趕上北京清退群租房，街道辦的人說我們那房子違規出租，就把我轟出來了。我本想來公司睡一覺，明天再找找房子，結果走的時候太急，把公司的門禁卡弄丟了。」

十一月的冬天很冷，北京乾燥的風刮得人脖子涼涼的，我帶他上了樓後，看了看時間，已經十點多了，估計他還沒吃飯，便提議說：「不然，等忙完了去吃個宵夜？」「不用不用」他指指桌子上的一個披薩盒子，那是白天我們給同事過生日時吃剩下的，「我吃這個就行了。」

我這才意識到，他之所以不跟我們一起吃飯，估計是嫌我們點的菜太貴了。他看著外面的天，忽然莫名其妙地說了一句：「你看今晚的月亮，真亮。」

我想起我二十歲前後的那幾年，跟他一樣窮，尤其剛退學那陣，我租住在鄭州某城中村八十塊錢一個月的筒子樓裡。那房子很潮濕，被子永遠濕漉漉的。有一次朋友來我家玩，我家很小，除了床以外就沒有落腳的地兒了，他只好坐到床上。他屁股剛著床，就跳了起來，大驚道：「你這床怎麼是濕的？」我笑笑說：「水床。」

第二天我回家的時候，發現家門口放著一個小太陽暖風機，上面貼著一張字條，寫著「多烤烤，不然會得風濕病。」那個小太陽給我送來了幾天難得的溫暖，可惜，後來我窮到連網路費都交不起了，為了上網，只好把它賣了。

一年後，我離開鄭州，去了北京。工作的第一個月還沒發工資，只好借住在朋友家。那屋子不大，是個開間，朋友很隨和，說就當是自己家。他雖那麼講，但畢竟寄人籬下，我每天都不忘叮囑自己要小心翼翼地生活，屋裡一切要輕拿輕放，上廁所時間不能太長，甚至連日常的家務都要搶著去做。我從來不覺得委屈，因為我知道，是自己在麻煩別人。

有天晚上我回來得早，就先把家裡收拾了一下。剛拖完地，朋友就回來了，身後還跟著一個女孩。倆人見到我後，明顯詫異了一下。我的那位熱心朋友這才想起，還有如此一個厚臉皮的傢伙長久地賴在他的家裡。

女孩指指我問這是誰，他解釋說：「我一個朋友，借住的」，我像個佣人一樣握著拖把，站在那兒不知如何是好。他走近我身旁，摟著我的肩膀悄聲說：「這女孩是我同事，來我家修電腦的。不然……」他朝我使了個眼色，悄悄從錢包裡掏出一百塊錢，「你到外面找個旅館湊合一夜？」

我忙說不用不用，這本來就是你家，說完，尷尬地放下拖把，奪門而出。下了樓才發現，因為走得太急，我沒帶錢包。沒有錢，便意味著我無處可去。於是那天晚上，我裹著外套在社區門口的椅子上，就著明亮的月色睡了一夜。那種感覺，終生難忘。

有一年春節，我去湖北找一個大學同學，他的家非常偏僻，下了火車後，還要輾轉坐幾個小時的汽車。他家是一間平房，我們倆圍著火盆，凍得跺著腳看電視聊天。那台電視機很破，是那種很罕見的大屁股電視機，換台得用手擰轉盤，我只在小時候見過；並且只有十個頻道，三個中央台，其他都是地方台。雖然過年期間都在重播春晚，但沒有一個看得清的。

他指著電視裡的男主持人，跟我開玩笑說：「你信不信，這麼多年春晚了，我爸媽就從來沒看清過朱軍長什麼樣子。」我看了一眼滿是噪點的電視機說，哥們兒，今年的春晚，沒有朱軍。

走的時候，我本想給他塞點錢，但摸了摸口袋，發現來時匆匆，沒帶多少現金。最後，我在回家的火車上給他的微信轉了二百塊錢。結果微信提示我說：「對方的帳戶尚未綁定銀行卡，無法收款。」我很難過。後來，他換過一次微信號，我跟他也失去了聯繫。

我把上面那個故事講給一群朋友聽，大家不信，說我又編故事騙人。有人斬釘截鐵地說「不可能，現在怎麼會有這麼窮的人？」另一個人則試圖指出我故事裡的漏洞，他說微信沒有綁定銀行卡也是可以收款的。

於是那天，我們就「微信沒有綁定銀行卡到底可不可以收款」這事爭論得面紅耳赤。這時，其中一個朋友忽然開口說：「我相信你的故事。」這位朋友是我們老家的中學老師，當班主任。他說，他們班有個同學，每年的學費都交得很遲，大概都是在開學後一兩個月，才偷偷地去辦公室找他交錢。別人家都是刷卡，而那個學生給的是一堆零錢，有十元的、五元的、一元的。「有時候裡面還夾著幾張五角的，你還記得吧？」他邊走邊說，「我們小時候見過那種五角錢，紫色的。」我點了點頭。

「我都想不到，還有這麼窮的人。」他感慨，「後來有一次，我在我們社區門口的垃圾桶那兒看見了他，他跟他媽媽一起推著個三輪車，在撿礦泉水瓶。」

## 恐懼無法消失，考驗不會停止

今年春節，我去火車站送兩個朋友。他們都跟我一樣，在這座城市碌碌無為地混了很多年，最後只能灰溜溜地離開。送走他們，我坐上捷運，迷迷糊糊地在車廂中走。忽然，我看到在車廂末尾處有一個人，他把腦袋埋在膝蓋裡，像是在悶著頭哭。

於是我厚著臉皮，坐到了他旁邊。他抬頭看了我一眼問，「我們認識嗎？」「不認識」我抱著胳膊，撇了撇嘴，「你繼續哭，我只是找個地方坐。」他看了看滿是空座的車廂，迷惑地又看了看我。

我說：「聊聊，是失戀了，還是破產了？」他擦了擦眼淚，開始講他的故事：他在飯店打工，服務員，每個月只有兩千塊人民幣的工資。今天上班時，鄰桌兩個客人酒喝多了打架，一揮手碰到了他。當時他正在端菜，這一推，導致菜灑到了另一桌的顧客身上。那是一大份麻辣水煮魚，順著客人的頭就澆了下去。我想像了一下那個畫面，「挺刺激的。」我說。他沒理我，繼續講：顧客大怒，投訴到了領班，說要做燙傷的傷殘鑒定。領班做不了主，只好找到了經理。幾經交涉，公司當即賠了顧客一萬塊錢。之後，經理劈頭蓋臉地罵了他五個小時，還說這筆錢要從他工資裡扣。而這賠的一萬塊錢相當於他半年的工資。

「這不是欺負人嗎？」我說，「那兩個鬧事的顧客呢？讓他們賠啊。」「早走了」他說，「那兩人膀大腰圓的，公司不敢惹。」「你爸媽呢？讓他們去找飯店，替你做主。」

「我不敢把這事告訴他們」他說，「我不想讓他們知道……我在外面受了這麼大的委屈。」說著說著，他哭得更厲害了。

車廂內空無一人，鐵軌咯吱咯吱的摩擦聲蓋住了他嗚嗚的哭聲。我看著這個頭埋在膝蓋裡的年輕人，又呆呆地看著窗外。「一切都會好起來的」我於事無補地說。「會好嗎？」他反問我。會好嗎？其實我也不知道。

究竟什麼時候會好起來？我也在尋找這個問題的答案。我認識很多厲害的人，他們有些年紀輕輕就有很高的成就，賺了很多錢。但更多的人和我一樣，到處忙碌奔波，卻一事無成，積蓄寥寥。

每次失敗，我都會想到那個晚上，我躺在朋友家社區的長椅上，裹著外套看著月亮。那時候，我滿腦子裡想的，都是錢。

「我也曾經試圖尋找過那個答案。」一個在演藝圈徘徊的朋友告訴我，他年輕時做過演員、歌手，也下海經商過，可都沒賺到錢，直到快四十歲時，生活狀況才漸漸有所好轉。他說：「你知道我最窮的時候是什麼樣子嗎？我曾經帶著老婆孩子在地下室生活。你有過全家人吃一碗泡麵的體驗嗎？一天兩頓，孩子吃麵，我和老婆用饅頭蘸湯。那樣的生活太難熬了，我看著他們母子窩在那個老鼠洞一樣的地方，覺得自己真該死。」

我問「那你是什麼時候發現日子好了起來？」「我不知道，真的不知道。」他說，「或許有些人會一夜之間暴富，但機率太小。更多人，尤其是我們這樣的平凡人，我們的人生從來沒有一個明確的節點，會在某個時刻發生天翻地覆的變化。我認識很多人，他們在二十多歲時，都過得不太容易，各有各的不順心。於是，當你知道大家的狀況都差不多的時候，你心裡便會舒服一些。但同時，我也時刻告訴我自己，再不要過那樣窩囊的生活。我不能放棄希望，更不能讓老婆孩子窮得心安理得，我想在三、四十歲時，讓身邊的人過得更好一點。」

「畢竟貧窮不可怕，可怕的是不去努力改變」他總結說。

我不是個迷信命運的人，這些年，我做過很多事情，換過很多工作，嘗試過很多行業。我曾有過希望，但往往收穫更多絕望。但無論我經歷過什麼挫折和失敗，被什麼樣的人背叛和出賣，我都不認為那些可以決定我的一生。因為這是我們這些平凡人面對社會時，都要應對的困境。

而至於生活究竟什麼時候才能好起來，那位朋友的話，似乎給了我答案。忽然，我又想到那些個對著月亮發呆的夜晚，在貧窮落寞的時刻，星空下那個失敗的人的眼中，不只有對錢的渴望，可能還有著一點點對美好未來的想望。

第 2 章

# 對未來有所期，<br>對未知無所懼

自由的人可以改變看待事物的角度與態度，既不抱持無端的希望，也不抱持無端的恐懼，不必耽溺於悲情創傷，我們永遠可能找到一個新的觀點來認識已知的世界。

不安讓生活與感覺激盪，同時也提供了一個機會，邀請我們堅強而又開放地接受問題，從頭檢視根源。即使可能感到害怕，即使可能看不到事情的發展方向，我們也必須找到繼續前進的力量。將憤怒、悲傷或挫折的感受用愛替換，給別人和自己多一點體諒、理解和寬容，用溫暖給希望澆水。

# 就算微弱，還想給出一點溫度

好像下過雨，地上濕漉漉的，濤哥的車早已停在那兒，一台滿是泥垢的黑色桑塔納二〇〇〇，這種又老又破的車我只在駕訓班見過。他把我的行李放進後備廂，扣上門。門關不緊，彈開了，他便踹了一腳。這一踹濺起一片泥點子，我躲閃不及，被弄了一身。他看著我狼狽的模樣，哈哈笑了起來。

我抖了抖外套，拿起手機看了下，「怎麼沒有4G了」我問。「這邊4G基地台還很少，而且都是在原有的3G基地台上改的」，他指指遠處的山麓，「而我們剛好處於幾個網站的盲區，所以收訊不好。」說著，他拉開副駕駛位的車門，招呼我坐進去。

「最近公司調了些設備來，半年後你再看看，基地台翻一番，到時候網快得嘛嘛的。」我邊繫安全帶邊嘲弄他，「嘛嘛的？你這東北老梆子，在黃土高原待了這麼多年，竟然還動不動嘛嘛的。」「混飯吃罷了」他打著火，車轟轟隆隆地抖了抖，隨時都會解體的樣子，他提高了嗓門兒，「我這叫鄉音未改鬢毛衰！」

我看著他被曬到黝黑的臉，皺起了眉頭，雖然濤哥自己說混飯吃，但我懂他這些年是怎麼熬過來的。大學畢業後，他在遼寧老家的電信局找了份工作，簽的是約聘工，剛待半年，就面臨人事調動。總公司要往甘肅派遣幾個大學生，去了就能轉正。濤哥為了得到這個名額，自告奮勇地收拾了行囊，遠赴人人口中偏僻落後的大西北。本來，公司答應在這裡待個一兩年就能回，結果他一待就是六年。

「還習慣嗎」我問。「欸，早混成老黃瓜了」他邊說邊打方向盤。路有點顛簸，但他開得很隨意。「你別看這地方不發達，但是……」他皺著眉頭想了想，終於找到個合適的詞，「但是啊，安逸。」

安逸嗎？我把車座往後調了調，身子隨著崎嶇的路面晃著，「你啊，就是吃了總想安逸的虧。要不……」我看著遠方荒涼無際的山脈說：「要不你現在怎麼混成這樣了。」他踩了腳油門，加了速，沒回應我的話。

濤哥所在的這座城市名字很長，叫臨夏回族積石山保安族東鄉族撒拉族自治縣。這讓我想起大學時和他一起玩的一款遊戲，當時他的網名就叫「我的名字跟我的節操一樣長。」每次看到他的人物上線，我都會拿尺子量螢幕上人物的名字，四釐米。想到這兒，我噗的一聲笑了出來。「笑什麼呢你？」「沒事，想到一些我們倆大學玩遊戲的場景。」我說。

「你還記得呢？」「是啊。還玩那遊戲嗎？」「玩啊」濤哥說著，一隻手從方向盤上放下來，在褲子口袋裡摸索出手機，「你看，人家還出了手機版。」我看著手機螢幕上熟悉的圖示，故作欣喜：「那一會兒我們玩一局吧。」濤哥說好好好，一會兒到家了我們就玩。其實，我現在完全沒心思跟他打這個我已經玩了數百個小時的遊戲，因為，我就是這款遊戲的開發者。

這兩年，我在寫作之餘，和朋友合開了一家遊戲公司。我的合夥人曾經參與那款遊戲的研發，後來買下了它的版權，我們做成了手機版，剛推出幾個月，賣得還不錯。而這次我之所以萬水千山地來找濤哥，也是為了這家遊戲公司的前途。

## 讓心帶你到想去的地方

別看如今濤哥窩在這個山溝溝裡做了一個無人知曉的電信工程師，但大學時，他可是全系有名的高才生，對伺服器TCP網路通信程式設計極其拿手，沒畢業就收到了好幾家大公司的邀約。但鬼知道他為什麼一門心思地嚮往國企，做夢都想要一個職位。

如今，我的事業正在飛速發展，缺他這樣一個熟悉網路工程又知根知底的技術合夥人，我看著專注開車的他，心裡打起了鼓。要如何勸他辭掉鐵飯碗，跟我一起共創大業呢？

濤哥的家不大，一室一廳，很亂。「電信局分的房嗎？」我好奇。「也不算。」他解釋，「本來說做滿十年就給房，後來我想了想，這兒的房價漲得慢，單位也有公積金，算下來一平方米兩千多，不貴，就買了。」

「一個人住啊？」我看到茶几上吃剩下的泡麵，「怎麼不找個女朋友？」「以前在部門裡交往過一個，南方人。後來她在這兒待了兩年，覺得實在沒什麼發展，走了。」他把泡麵倒進水池，隨手用紙巾抹了抹桌子，「這個地方，回族多。其實回族小姑娘也挺好的，但畢竟生活習慣不一樣，所以本地的我也沒多考慮。隨緣吧。」他說。

「那今天怎麼不上班？」「去車站接你了嘛。」我面露慚愧，「還麻煩你特意請個假。」他拿出手機看了看，「沒事，最近不忙，過兩天有一些基地台設備要運過來，來了之後要去盯一盯工地，在那之前我都沒啥大事。」

「盯工地？」我腦海中浮現出濤哥穿著背心一塊塊搬磚的辛酸畫面，「怎麼在電信局上班，搞得跟工人一樣。」「不是你想的那樣。」他解釋，「就是跟著工人們把設備安裝一下，鋪鋪線路。」「工作壓力大嗎？」我感覺自己像個採訪他的記者，總有各種問題。「不大。」他說，「公營企業嘛，你也知道，穩定，不出大錯就行。」他躺在沙發上，蹺起了二郎腿，「我這日子過得挺愜意的。」

為了能多瞭解一些濤哥的工作狀態，第二天，我決定和他一起去上那「挺愜意」的班。電信局的辦公樓就在他家對面，是一棟綠色的三層小樓，油漆斑駁，像老太婆的皮膚。我踩在走廊裡髒兮兮的褐色地毯上，感覺像是穿越到了十九世紀八〇年代。

「你別看我這辦公環境差，但設備好。」濤哥指了指面前的幾個高高的紙箱子，「你看，局裡昨天還給我們運來了新電腦。」新電腦裝好後，濤哥說要測試一下性能，就跟他的同事一起玩了幾局遊戲，直到十點半左右，他看了看錶，說：「該做事了。」

於是，他關掉遊戲，裝模作樣地忙起來。我看著他一臉嚴肅認真的模樣說：「我以為你上班就是喝喝茶看看報紙，沒想到還真有事忙。」「你那是《故事會》看多了，現在誰還看報紙啊。」濤哥說，「不過，這點工作辦完了，我就真沒什麼事了。」果真，濤哥只忙了半個小時不到，就滿意地收工了。他打開影片網站，兩集大型古裝魔幻電視劇結束後，他又看了看錶說：「走吧，吃午飯去。」

餐廳在地下一層，他拿出飯卡，要了兩份兩葷兩素，菜色看起來還行。我們隨便找了個地方坐下，濤哥邊看手機邊吃飯，忽然問：「下午想去哪兒轉轉嗎？」「沒事，先處理你的工作吧，我沒什麼想玩的。」他攤攤手，「你也看到了，我這一天就這麼點事，辦完就歇著了。」

我才聽懂他的寂寞，便進入話題：「那你一天都忙些什麼？」「也沒什麼太具體的事。」他給我說明，「我的工作就是負責部分電信設備的維護，保證它們能正常運轉。除了偶爾要去實地看設備外，大多數時間是坐在電腦前網路辦公。要是有主管來，我就開車帶他們去工地看看，不過一個月也就一兩次吧。」

「這樣的生活豈不是很無聊？」我往嘴裡塞了一塊紅燒肉，看似無意地問道。「無聊嗎？」他翻了翻眼珠子，「有點吧，有些工作確實挺繁瑣無趣的。」見他進了套，我故作誇張地高聲問：「難道你不想改變嗎？」「改變？幹嘛啊？」「辭職啊，去創業！」

我聲如洪鐘地喊起了口號，「全民創業！萬眾創新！改變自己！改變世界！」

「辭職？」他握著筷子，糾結起來，「說什麼傻話？我好不容易得到編制職位，有房有車，工作穩定，旱澇保收，待遇不差，五一國慶都有假，沒事就開車四下轉轉，油錢還能給申報，不定時去外地考察，順帶旅遊……」他掰著指頭總結道，「多爽啊！要我辭職放棄這些？我傻？」

沒想到他竟然如此不思進取，瞬間激起了我的鬥志。於是，我脫口而出一整段雞湯：「作為有夢想的年輕人，我們當然要努力地改變這樣不求上進的人生！你不要只知道貪圖眼前的享樂，你應該努力走出你的舒適圈，不斷地去尋求自我突破，每天都要進步、改變！因為我們的青春只有一次，不拼了命，也就不能盡了興。」

濤哥被我這一整段的雞湯灌蒙了，他放下筷子，嘟囔了句：「有病吧你，寫書把腦子寫傻了？」「哎，你怎麼罵人呢……」我急了，「要知道，你所謂的穩定……不過……不過是在浪費生命。」「閉嘴！」濤哥瞪了我一眼，恢復了東北人的本性，「好好說人話，小心我揍你。」

下午，我躺在濤哥的辦公室裡無所事事。我本想寫點什麼諷刺諷刺他，再添油加醋地編點劇情，爭取搞出一篇十萬多的公眾號爆款文章。結果他趴在桌子上蒙頭大睡，呼嚕聲雷動四方，吵得我只能作罷。

兩點左右，濤哥被同事叫醒，說要去開個什麼會。眾人拿著本子往會議室跑去，直到四點左右，他才伸著懶腰從會議室裡出來。他摟著我的肩膀說：「走吧，去樓下打打撞球，鍛鍊鍛鍊。」一個小時後，我們被人殺得鎩羽而歸。到辦公室後，又各自玩了會兒手機，終於，熬到了下班。

如此反覆幾天，我終於總結出濤哥的作息規律：八點起床，九點上班，上班後先看半個小時新聞，再用半個小時上網，十點工作，十一點收工，看一會兒電視劇，十二點到餐廳吃飯，下午一點午睡，睡到兩點，然後開會，或者跟其他網站打打電話，不然就是坐在電腦前處理文件、幫同事處理一下電腦的小問題，四點多時，他會去樓下打打球，五點準時打卡下班，結束一天的工作。

想到曾經才華橫溢的濤哥，我不免心疼，「這樣規律無趣的生活，簡直就是在浪費他的生命。」我憤怒地想。我打算跟他攤牌，好好給他上一課，說服他辭掉這份沒有前途的工作，加入我的創業公司，出任CEO，迎娶白富美，攜手同行，改變世界。

可我還沒來得及跟他細說，週六一早，我就被濤哥塞進了車裡。「去哪兒？」我問。「到處逛逛。」他說，「這兩天工作太忙，都沒好好帶你出來玩。」工作太忙？我想到那些雞毛蒜皮的瑣碎工作，他做的那點事，既不能創造財富，又不能拯救世界，也配叫工作？我不屑地抖了抖眉毛，露出惋惜的表情，長歎道：「濤哥，哪怕不辭職，你就真的沒想再做點別的？」「做什麼？」他警惕地問。

「隨便做點什麼都好。」我說，「例如弄個淘寶店，賣賣當地特產，或者寫點東西。你上學時不也喜歡寫東西嗎？現在自媒體紅，你也開個公眾號，跟我一樣寫文章，肯定能賺錢！」說著，我又繞回了我的主題，「畢竟，以你的才華，如果每天只是給人修電腦、裝系統、維護維護電信基地台，太大材小用了。」

濤哥沒有接我的話，他開著車，望著遠方的荒沙地。過了一會兒，他忽然開口：「你身體怎麼樣了？」前陣子我因為加班過度突發低血糖，住了次院，濤哥可能看到了我的微信朋友圈。「沒事。」我滿不在乎地說，「掛了兩天吊瓶，小病。」他點點頭說：「要是命都沒了，你賺那麼多錢還有什麼用呢？」

## 做自己的太陽，當別人的光

車開進一座院子裡停下，濤哥指指身後的一幢小樓：「這是鎮上唯一的一所小學。」他又指了指遠處，「那邊，五公里外是我們新修的基地台。」「這麼近？不怕有輻射？」我說。

「輻射個屁。」濤哥罵道，「你們這幫文化人就是迷信，基地台二十米外的輻射其實就能忽略不計了，放心吧。」他打開那扇永遠關不緊的後備廂門，「來，搭把手。」

裡面是幾台電腦主機，是上週從濤哥辦公室淘汰下來的那一批。

這時，教室裡跑出來一個男孩，和我們一起搬了起來。濤哥介紹道：「他叫小東，是這所學校的老師。」小東看著很年輕，二十四、五歲的樣子，個頭不高，皮膚曬得黝黑。

「剛畢業嗎？」我問，「怎麼想到來這裡教書？」「三十了。」小東用帶著大西北風沙的口音說，「我家就在市區，離這裡半小時車程，師範學校畢業後，分到這裡，做了七、八年了。」

走進教室後，我剛要把主機殼放到桌子上，小東忙攔住我：「放地上吧，放桌子上可能不穩當。」課桌很破，裡裡外外掉了幾層漆，但還算乾淨。「怎麼今天只有你一個人？」濤哥邊拿著線材給電腦主機通電，邊問，「其他幾位老師呢？」

「走了。」小東說，「上個月就全走了。」「嫌這裡條件差，待不住？」我問。

「哪裡苦啊。不缺吃不缺穿的，頂多就是住的環境差了點。」小東從講桌裡掏出一個板擦，擦起了黑板，「其實我也知道，大多數人來偏遠地區教書是抱著郊遊心態的，要不然就是些基層公務員為以後的仕途鋪路。」他轉過身來，在桌子上磕了磕板擦的灰，「我能看出來，沒幾個人是真想在這地方長待的。」

「那你也走呀！」我慫恿小東，「畢竟人往高處走，水往低處流，這麼做無可厚非。大好年華耗在一個山溝裡，多可惜。」「可惜？」小東反問，「我走了，學生怎麼辦？這些山裡的孩子，如果不上課，就只能去鎮裡面找工作瞎混，能有什麼出路？我希望他們能在這裡上完初中，再考一個不錯的市立的高中。」

他將板擦放回抽屜，雙手按在桌子上，看著空蕩蕩的教室：「這些孩子，沒有關係也沒有背景，高考是他們能跟外面世界進行公平競爭的機會，我不能拋棄他們。所以……」他笑笑，「那些通往高處的路，就留給那些更有野心的人吧，我這樣挺好的。」

教室一側有個書架，裡面大多是些不知道誰捐贈來的舊書，其中有本書格外扎眼，書名叫《你所謂的穩定，不過是浪費生命》，是我之前寄給濤哥的。「那書看了嗎？」我問。「看了。」濤哥說，「挺好的，很勵志。但是……」

他頓了下說，「我不認為穩定的生活就是在浪費生命，每個人有每個人的發光點，有人嚮往偉大，有人安於平凡，而平凡的人，並不一定不夠偉大。」他指指遠方，又指指教室，「那些基地台，這些學生，每一件日常生活裡微不足道的事情，都得有人去做。」

「那你就沒想過去改變世界，把這些留給那些沒本事的人去做？」我說。「沒本事的人？」他指了指小東，「你覺得他是沒本事的人嗎？」我看著講臺上的小東，羞得沒敢吭聲。在太陽下，他矮矮的身影顯得格外高大。

從學校離開時，濤哥忽然想到了什麼，他說：「對了，聽說你現在也在寫公眾號了？」「偶爾也寫。」我說。他仰了一下脖子，叮囑道，「那你千萬不要在你的公眾號裡寫我的故事。」「為什麼？」我納悶。

一旁的小東插嘴了：「你不知道，前陣子啊，他有個朋友，也是寫微信公眾號的，來我們這兒玩了幾天。好吃好喝地招待他，結果，他回去之後寫了篇文章，說濤哥這樣的生活就是一種無意義的重複，還嘲笑我們不進步。聽說那篇文章挺火的，朋友圈裡都在轉發。」小東補充，「搞得大家很不舒服。」

我聯想到我之前的齷齪想法，臉上有點掛不住，我暗自咬咬牙。濤哥，希望我能守住一個寫作者的良心。

第二天一早，我就買了回北京的票，濤哥得知，挽留說：「怎麼不多待幾天？」「不了，還有事呢。」我揮了揮手機，「咱們遊戲裡見吧。」他點點頭，若有所思地問我：「所以，你這次專程來找我……到底是想做什麼呢？」我搖了搖頭，將改變世界的幼稚計畫拋到了腦後，「沒什麼事，就來看看你，看到你現在過著你想要的生活，挺好的。」我說。

上飛機後，我躺在座位上閉目養神，迷迷糊糊時，聽到鄰座幾個旅客在聊天，一個人感歎說：「來之前，我覺得甘肅就是一偏遠山區，啥都沒有，還聽說缺水到連澡也洗不了。來之後才發現，完全不是這樣的，甘肅現在建設得很不錯，跟其他城市也沒什麼區別。」

「對啊，來之前我還以為這兒上不了網呢。」另一個人說，「你看，這手機在飛機上還有4G信號，網速也快。」「唉唉唉，快把它關了，飛機上不能用手機。」我聽到二人的對話，嘴角泛起了一絲微笑。

透過窗戶往下看去，恍惚間，我好像看到了濤哥和小東，他們站在那所學校裡，周圍是大片的油菜花地，遠處是密密麻麻的電信基地台，孩子們坐在教室裡，不熟練地操作著電腦，通過它和外面的世界連接。

那群孩子裡，可能會誕生下一個馬雲和比爾．蓋茲，用他們的雙手和智慧改變世界；當然，更大的可能是，這群孩子長大後，會變成和你我一樣的平凡的普通人，留在那裡用微薄的力量建設家園。可是，這依然不耽誤他們在各自的領域裡發光發熱，並享受平凡生活的幸福。

我想跟濤哥說，希望你也能珍惜這樣的幸福，沒有人鄙夷你的平凡，因為我在你平凡的生活裡，感受到了那束久違的光。最後，濤哥，如果你看到這篇文章，請你記得我曾經向你許諾的一個寫作者的良心。我沒有丟掉它。

## 未來無限，但現實的選項經常是有限的

東總又跳槽了，這是他今年的第四份工作，這次，他在一家飯店裡做設計總監。說是設計總監，其實就是一個畫功能表的。畢竟，一個只有五個員工的蒼蠅館子，其中兩個廚師，一個收銀，一個服務員，要什麼設計總監。並且，這位總監偶爾還要騎電動車去送外賣。

東總這些年做過很多工作。最開始，他在一家創業公司做運營。做了半年，公司遇到了財務危機，東總不願跟老闆共渡難關，拿了賠償金跳槽去了一家賣化妝品的電商公司。做了幾個月，因為寫錯了商品標價被老闆罵，憤恨離職，去了一家廣告公司。

沒多久，他因為頻繁加班感覺身體吃不消離職，去電視台做了攝影師。在鼓浪嶼待了半年不到，又因為看夠了那裡的海而離職。幾天後，東總約我吃飯，剛坐下，他就告訴我，他又離職了。「這次去哪兒？」我問。

「去西藏。」他說，「沉澱沉澱，散散心。喂，你陪我一塊去吧，我們倆組個團。」那時我正因工作焦頭爛額，沒有遊玩的心思，便揮手婉拒。「好吧，那你借我五千塊錢，我湊個路費。」他說。

我沒料到，他竟幻想在我這隻鐵公雞身上拔毛，忙罵道：「你一個快三十的人了，連五千塊錢的路費都沒有，還浪什麼浪？就不能安安穩穩地上班？」「上班？」他抖了抖不屑的眉毛，「你這人真沒出息。知道嗎，你所謂的穩定，就是在浪費生命！」他挺直了身子，拍拍胸脯，「像我這樣，什麼都幹過，體會過人生百態，才有意義。我以後要做一個自由職業者，去看看這個世界有多大，不想到老了，發現自己剩下一堆遺憾。」

「話講得是真好聽。」我說，「但像你這樣三天打魚兩天曬網地混下去，到老的時候，只會感歎什麼都做了，但沒有一件能讓你記住。」我用手機打開了一個新聞連結，「你看，你前年拋棄的那家創業公司，人家扛了下來，今年都上新三板了。」

他推開我的手機，嫌棄道：「你們這幫俗人，就知道錢錢錢的。你知道嗎，生命裡有很多詩和遠方啊，都比賺錢重要。」說著，他的肚子咕咕地叫了一聲。我說：「得了，談你的詩和遠方之前，先填飽肚子吧。」我邊把菜單遞給他，邊在心裡歎氣，又一個被勵志雞湯蠱惑的笨蛋。

## 最難的不是出走，是回來以後如何面對

我去過幾次青海和西藏，景色挺好，但在我心裡，那就是一個不錯的旅遊景區，和我去過的其他地方沒太大區別。我曾親眼看到一個朋友，剛面對著湛藍平靜的青海湖發了條洗滌心靈的微博，後腳就解開褲子尿在了湖裡；也曾看到有人在布達拉宮前，邊感歎著昇華了人生，邊將一口濃痰吐在了褐紅色的地板上。

一趟旅行之後，齷齪的精神依然齷齪，浮腫的肉體依然浮腫，沒有未來的人依然沒有未來，一切都不會改變，什麼都沒有得到昇華。畢竟人醜還得多讀書，體胖還得勤鍛鍊，想通過一張火車票提高檔次？心裡能沒點數嗎？

之前我接了個案子，給某地招商單位做本畫冊。跟我對接的是一個剛畢業不久的女孩，長得既漂亮又機靈。等我去結案的時候，發現她離職了，朋友說，她走的原因是覺得公務員的生活太安逸，世界那麼大，她想去看看。

於是，她看遍了祖國的大好河山。我在朋友圈裡圍觀了她的全國巡迴之旅，給她漂亮的自拍點了幾個讚，之後便銷聲匿跡。又過了小半年，某天，我去一家快捷酒店找人，忽然看到了她。她在那家酒店做櫃台，收銀。「怎麼去那兒了？」我又向朋友打聽。

原來，她從西藏回來時，花光了積蓄。在家裡閒了幾天後，便立志做一個自由職業者。折騰了幾個月，什麼都沒幹成，最終迫於生計，便去酒店做櫃台混口飯吃。

「聽說，她最近在看書，打算重新考公務員……早知如此，何必當初呢。」朋友告訴我，「如果只是上班上得悶了，大可以請個假出去旅遊散散心嘛，幹嗎辭職呢？你看，現在還得重新找工作。」

「唉，鬼迷心竅，也不知道她那時候因為什麼變成了這樣。」我能夠理解她的感受，人在規律的生活中過久了，難免心生厭倦。這時如果再看上一兩本詩和遠方的書，看到人家想去哪兒就去哪兒，兜兜轉轉，吃吃喝喝，多少會動心。

但不是每個人都可以來一場說走就走的旅行，更可悲的是，大部分人離開穩定後，並不會越混越好。你看到勵志故事裡的人辭職後過得很愜意，想不上班就不上班，想旅遊就旅遊，想睡懶覺就睡懶覺。而你辭職後，下一頓飯在哪裡都不知道。

有人說，「願你能夠朝九晚五，又能夠浪跡天涯」。我想說，願你有浪跡天涯的能力，更有能夠朝九晚五的勇氣。畢竟這份勇氣，才是你走好人生路的基石。

## 理想的生活有一百種，每一種都是選擇

有一陣子中關村創業熱，我上班上膩了，覺得自己可以在大千世界裡施展一下拳腳，於是，辭掉了工作，打算創業。同期，我的直屬主管也辭職了，他跳槽去了鄧亞萍創辦的即刻搜索。我問他：「你能力那麼強，為什麼不創業，而要去給別人打工？」

結果他告訴我說，他之所以選擇即刻搜索，是因為公司能幫他解決北京戶口。我不屑：「一個北京戶口能值多少錢，倒不如我們一起創業，出任CEO，迎娶白富美，做一款厲害的產品，攜手同行，改變世界。」他笑而不語，像看一個神經病一樣地打量著我，眼神裡充滿了蔑視。

和他道別後，我站在捷運口的報刊亭前，買了本《第一財經周刊》，試圖給自己打雞血。結果翻開的一頁上赫然寫著，賽富亞洲投資基金管理人閻焱認為，創業公司的失敗率高於99%。

出師未捷身先死，咒我呢？氣得我沒走出報刊亭就撕掉了它。我為什麼生氣？因為他說的跟勵志雞湯文裡寫得不一樣。那些文章告訴我，這個年代，五險一金的生活會遭唾棄，朝九晚五的公務員沒有出息，穩定的生活不值得羨慕，有夢想的人就應該去做一個驕傲的創業者，當一頭站在風口的豬。只要你有熱血，有激情，能折騰，就可以成功。

可惜，我這頭豬沒有飛起來，兩年後，我的小公司倒閉。倒閉還不是最可怕的，可怕的是那陣子我急火攻心，得了急性腸胃炎，在醫院住了一週，花了一萬的醫藥費。出院的時候，護士隨口一問：「有保險嗎？」保險？作為一個公司倒閉、債臺高築、連飯都快吃不上的失敗者，還交什麼保險費？

「唉！你要是有保險，這些錢啊，都能報。」她歎氣。「都能報」這三個字，像把刀，狠狠地紮在了我的心上。我的那位主管，在解決了北京戶口後，又從即刻搜索離職，跳槽去了百度。我出院當天，他開車接我去他家做客。吃飯時，他問我：「接下來打算怎麼辦？」我說：「沒想好呢，要嘛再創業折騰折騰，要嘛乖乖去找個工作。」

他點點頭，對病怏怏的我說：「小郭，還記得那年你問我，北京戶口值多少錢嗎？」他掏出房產證，拍在桌子上，「現在，你覺得值幾千萬？」我看著他的房子，他的車，他的錢，那些都是他在穩定的公司和穩定的平台得到的！曾經有人問：是不是人只有到窮途末路，才會懷念一個良好的制度帶給自己的保障？答案：是。真的是。字字紮心。

我想問那些大肆鼓吹人應該尋找自由放飛自我的寫作者們，假如一個人因為聽了你的話辭職罷工，滿世界地逍遙之後一事無成，甚至連生計都成了問題，你會幫他們養老嗎？

日本有一個老頭兒，做了六十年的壽司，到頭來只開了一家小店。在半個世紀的時間裡，他沒跳過槽，也沒研究過其他菜系，甚至都沒想過將店面擴大個幾平方米。以現在人的眼光來看，他真是一個不求上進的人。

當他回顧自己的一生，會不會覺得自己除了日復一日地重複做壽司外，什麼都沒做過？這個老頭兒叫小野二郎，已經九十多歲了，被封為壽司之神，是米其林三星大廚。

想吃他的飯，提前一個月預訂，都不一定吃得到。

「我一直重複做同樣的事情，以求精進。」他說。後來有人總結，所謂的匠人精神，就是每天重複同樣的工作，將一件事做到極致。所有偉大的成就和過人的經驗，都來源於兩個字「重複」。

當然，重複是枯燥的，穩定是平凡的，日復一日的人生是無趣的。漫長又無趣的生活偶爾會讓人覺得沒有希望，正因如此，才給了雞湯作者們一個又一個駁斥它的理由和素材。但真相是，偉大是要在穩定的生活中，耐著性子一點點打磨的。

廣告公司倒閉後，我沒有放棄。我的第二次創業是和一個朋友一起，做電腦字體。很多人以為我們在手機和電腦螢幕上看到的那些宋體字，是由軟件自動生成的。其實不然，每個字都是由人坐在電腦前一筆一畫地畫出來的。漢字數量龐大，常用的簡體字就有六千個，加上繁體字一共有兩萬多個。平均算下來，一個設計師一天只能做十個字不到。完成一整套中文的電腦字體，快的話可能需要一年，慢的話，可能要幾十年。

招人尤其困難，因為字體行業的版權保護意識差，收益低，很多人都不願意做這個工作。無奈，我們提高了薪水，但依然沒有人願意做。我跟幾個拒絕了我們的年輕人聊過後才知道，他們並不是覺得薪水低，而是覺得這份工作沒有挑戰。

「無非就是每天拿著死工資坐在電腦前，日復一日地畫著穩定又重複的線條，朝九晚五的做完一個方塊字，再做一個方塊字，做上一年，兩年，十年，二十年……有什麼意義呢？沒有挑戰，浪費生命。」他們說。

那些年輕人說得對，做電腦字體，很無聊，做完一個，再做一個，日復一日，年復一年，沒有挑戰，這樣的穩定，就是在浪費生命。如果這些無聊的事情，這些浪費生命的行業，如果沒有人去做，我們拿什麼作為載體，在手機和電腦上表達我們的思想和傳承文化呢？

網上曾有人爭論「大城市的漂泊路」和「小城市的安穩」哪個更讓人有幸福感，其中一個留言讓我印象深刻，他說：「我月薪三千，生活在三線城市，有房有車。我和父母住在一個社區，天天一起吃飯，工作就是朝九晚五，平時上班，週末出遊，公休加年假，隨時能出國玩，我不覺得這樣的生活和那些在大城市漂泊的人相比差了什麼。」

這條看似普通的答案引發了很多人的討論，有評論他不求上進，像條沒有夢想的鹹魚的。他反問道：「我就願意做一條沒有夢想的鹹魚，不偷不搶，安安靜靜地活著。我做我喜歡的事情，招你惹你了？」是啊，招誰惹誰了？

誰規定追求穩定生活的人要矮別人一截？這篇文章寫了很久，中間斷過一次電。來修電錶的是一個年輕人，我向他表示感謝，並聊起了十一假期的旅行。他說他哪兒都不想去，只想窩在家裡打打遊戲，這樣挺好的，工作嘛，他笑笑，忙一忙，歇一歇。我問：「那你喜歡這樣的生活嗎？畢竟……一個修電錶的工人，太平凡，太普通。」「平凡嗎？我不覺得，總要有人去做這些工作，不然，你們連網都上不了。」他說。

現在想想，他說得真對，我應該感謝他們安於穩定踏實的生活，不會動不動就要離開工作職位，追求縹緲的詩和遠方，更不會傻兮兮的去計較這樣的生活浪費了自己多少生命。不然，我們連網都上不了。

## 別人的應該，其實真與你無關

朝九晚五和浪跡天涯，哪個更好？我不知道，也不想得出「哪一種人生才更加高級」的狹隘結論。我感謝那些享受平凡生活的人，他們在每天重複的生活中精耕細作，默默付出，維持著這個社會的運轉。

沒有他們，我們連解決生活裡的吃喝拉撒睡都成問題。我也敬重那些選擇了「不安穩」的自由職業者和誓要改變世界的創業者，我佩服他們的勇氣和毅力，因為我曾經體驗過那樣的生活，我知道這其中的心酸和艱辛，如今，能留下來在鎂光燈下侃侃而談的，都是人生的贏家。

就像馬東在《十三邀》裡對許知遠講的那樣：「這世界上大約只有5％的人，有願望積累知識，瞭解過去，剩餘95％的人就是在活著，他們就是在生活……你自己是哪種人，就把關注的焦點放在哪。」

有人選擇一夜暴富改變世界，有人選擇安穩度日。我們可以歌頌那些站在金字塔頂端的人，但誰也沒有資格去嘲笑那些選擇穩定的人，因為不是每次的創業都能成功，也不是每個人都能去做一個不愁溫飽的自由職業者。

在這個包容的社會裡，大多數人都在平凡的位置上穩定地活著，他們需要保險，需要薪水，需要住房，需要戶口，需要穩定的制度來保障他們穩定的生活。這些95%的人為5%的精英們提供著柴米油鹽醬醋茶，免除了精英們吃喝拉撒睡的煩惱，讓他們專心地在金字塔頂端成就他們的輝煌人生。而5%的精英們，也需要這95%的人為他們的每一次成功鼓掌。

那些站在金字塔頂端的人，你是那5%，就過好你那5%的生活，沒必要嘲笑和鄙夷那95%的人，更沒必要給他們戴上「浪費生命」的帽子，因為，每一份日出而作日落而息的工作，都是在為社會創造價值，都不是在浪費生命。

有人嚮往浪跡天涯，也有人嚮往春暖花開，在這個各種價值觀碰撞的時代裡，我們應該更多元一點，更寬容一些。林語堂在他翻譯的英文版《浮生六記》的序言裡寫道：

我真誠地相信，一個謙卑渺小的生命能快樂地過一輩子，是宇宙間之至美。

深以為然。

# 自以為是，是傲慢更是偏見

去年九月，鄭州某書店開業，我受邀去辦簽書會。活動結束後，幾個定居在鄭州的同學找我小聚，其中一個是我們大學時的班幹部。他畢業後留校工作，一見到我，親熱的又摟又抱，搞得好像我跟他很熟。「沒想到啊，真是沒想到。」他感慨地說，「沒想到當年那個被學校開除的壞小子……如今竟也寫作出書，混得人模狗樣了，真是令我大吃一驚。」

沒待我也想出個指桑罵槐的詞彙跟他虛情假意寒暄一番，他又拽著我說：「你難得回趟鄭州，跟我一起去看看輔導員吧！她最近生病住院了，買束花給她，敘敘舊。畢竟……」他意味深長地看了我一眼，彷彿對我充滿了無限的期待，「反正你現在混得也不錯，就別再跟她一般見識了，做人要大度一點。」

當年，因為我沒有錢參加學校組織的外地寫生活動，導致我的大學輔導員少拿了幾百元錢的抽成，她便在辦公室裡嘲笑我「家裡窮，何必來學校丟人」；又因為我在網上寫了一篇議論她的文章，她就開著手機功放給我爸打電話，罵我沒出息，放話說學校有她沒我，讓我爸自己看著辦。

我爸想到他這個歷經千辛萬苦才考上大學、沒上幾個月就被老師教唆著退學的沒出息的兒子，又心疼交了整年的學費，一邊憤恨交加地斥責我不識好歹，一邊點頭哈腰地給老師賠禮道歉。

那天下午，陽光穿過操場，透過教室窗戶照在我的身上，把我的臉皮和骨頭都照得滾燙。我像個傻瓜一樣站在她面前，看著二十四歲的她將我和我父親的尊嚴踩在地上狠狠踐踏。我握著拳頭咬著牙，窩囊得連一句話都不敢說，只能在心裡用最惡毒的語言咒她。半個小時後，我終於在一怒之下摔了辦公室的門，從此再也沒踏進那所學校。

## 一個人最低劣的，就是拿著無知當智慧

雖然已經過去很多年，但往事歷歷在目，有時還會氣得我牙癢癢。我找不到理由說服自己去見這麼一個討厭的人，於是只好推脫不去。其他幾位老同學似乎也很反感她，紛紛表態不想去。

見我開了個壞頭，那位班幹部很生氣，像個老師一樣地試圖教我做人：「當年全校那麼多人，就你整天跟她過不去，你不反省反省你自己的毛病，老跟一個女人計較什麼？況且，俗話說退一步海闊天空，你就不能大度一點？」

郭德綱說，那些有事沒事就勸你大度點的人，一定要離他遠點，因為雷劈他的時候，會連累你。我被迫離開學校後，因為沒有學歷碰過壁、吃過虧，也有混不下去想跟他們磕頭認錯的時候，甚至有一陣，我父親天天給學校打電話求情，但每次換來的都是無情拒絕和肆意嘲弄。

在摸爬滾打的過程中，我常常感覺自己像一個笑話。幸好老天爺手下留情，我才得以苟延殘喘混到今天。而當我混得稍微像個人了，有了一點點成績了，怎麼忽然有人勸我去原諒當年那個傷害了我的人？搞得好像她才是那個曾經被當眾羞辱、灰溜溜地滾出學校的人。

如果你也有過自尊被踐踏的經歷，相信你能懂我的感受；至於那些整天道貌岸然，動輒告誡你要善良、要大度、要不計前嫌的人，你要警惕他們，當他們說出這種話時，定是對你另有所圖。

至於我身上的毛病，我行得正坐得端，能有什麼毛病？有些記憶不會隨著時間而變淡，你只有銘記那種「自尊被肆意踐踏」的感受，時刻提醒自己不能好了傷疤忘了疼，才能在這條艱難的路上走得更穩，才不會重蹈覆轍。畢竟人生沒有白走的路，每一步都算數。人生也沒有白摔的跤，摔的每一跤，回想起來，都會鑽心地疼。

你身邊有沒有那種「善良婊」？無論你經歷了什麼，他都勸你大度一點。他們才不關心你經歷了什麼，無論別人對你造成了怎樣的傷害，他都勸你放下仇恨。如果你不大度，那你在他眼裡就是個小肚雞腸沒有氣量的人。一個人最大的惡意，就是把自己的理解強加給別人，然後理所當然的用自己的想法來解釋，而且認為自己是對的。

前幾年，我老家一個親戚在家裡搞非法集資，騙了另一個人十萬元錢。事發後，他跑路去了外地，吃喝嫖賭，把錢敗光了，還欠了一屁股的債，只好灰溜溜地回來。債主得知後，寫好了訴狀要去法院告他。

但幾個長輩都勸債主說：「原諒他吧，他只是一時鬼迷心竅，畢竟誰都有犯錯的時候。」然後，講出了那句經典的名言，「畢竟他還是個孩子」。那孩子是一九八九年出生的，跟我一樣大，我沒見過這麼缺德又欠教訓的孩子。

有些事情你沒經歷過，就別輕易評論；有些話你不知道後果，就別瞎說。你沒吃過別人的苦，就不要勸別人大度；你沒經歷過那些事，就不要勸別人放下。

我弟弟上學時，曾經被全班誣陷說他偷班費，逼他當眾做檢討，但他根本沒偷東西。畢業後，他從來不參加同學聚會，家裡人都勸他：「過去的事情算了吧，多個朋友多條路。」我說：「不，你不能原諒他們，更不能低頭，除非他們集體向你道歉，否則就算全世界都勸你原諒，你也不能答應。」那些曾經誣陷、欺負你的人，你要遠離他，誰知道他接近你後，會不會舊事重提、故技重施，再傷害你一次。

我去參加了一場婚禮，新娘和新郎都是我的朋友，但尷尬的是，新娘是劈腿了前男友才和新郎在一起的，而被劈腿的是我們共同的另一個朋友。在場的除了我以外，其他人都曾經試圖邀請那位被劈腿的男孩來參加婚禮，不過發了幾次請帖，他都不來，甚至還拉黑了邀請者的微信。

「人家都要結婚了，怎麼還這麼小心眼？」一個女孩表示她不能理解，「都過去兩年了，難道還放不下？女朋友跟別人結婚怎麼了，有什麼大不了的，愛一個人，不就是希望看見他幸福嗎？你們說說，是不是？」

話說得簡單，你失戀看看？看看你能不能容忍自己最愛的人和別人結婚？真是言情小說看多了，把腦子燒壞了。

## 自相矛盾的正義

朋友在網上看中一台二手蘋果手機，價格極低，連市場價的一半都不到。誰知他剛交完錢，賣家忽然變臉，聲稱這是所謂的「合約機」，想取貨還得再交五千塊錢的解約費。朋友這才知道上當了，藉口上廁所，趕緊給我打電話。

我一聽就知道這是二手機騙子的慣用伎倆，在去找他的路上就以「強迫交易」為由直接報了警。折騰了幾個小時，最終在員警的幫助下，他才順利拿回了錢。回來的路上我一言不發，沉默許久後，朋友忽然開口：「你怎麼不罵我呢？」「為什麼要罵你？錢要回來就好，你自己長點記性，其他的不用太在意。」我說。

「我以為你會罵我蠢呢。」他苦笑，「現在冷靜下來想想，市價八千元的手機，人家只賣三千，真有這便宜怎麼可能輪得到我。」

「沒辦法的，那是一個騙局，在花言巧語的誘導下，誰都容易喪失理智。」想了想，我又補充了一句，「你以後也別再笑話別人蠢了，畢竟常在河邊走，誰都有濕鞋的可能。」

半個月前，我們的另一個朋友因錯信了網上的虛假房源，被騙走了三千塊錢。跟他買手機的過程十分相似：騙子帶朋友看了間精裝修帶陽臺獨立衛浴的主臥，並告知他自己要出國，急轉租，只收一半的月租；其間還有四五個裝作一副著急看房的模樣在他身邊晃悠。朋友既心動又著急，二話不說就簽了合約，轉了三千訂金，並拿走了鑰匙。等第二天他打算搬進去時，卻發現那把鑰匙根本打不開那把鎖。

此君得知朋友被騙，不安慰，張嘴罵他蠢：「就說你腦子向來不好使，真是白癡啊，當時怎麼不拿鑰匙試一下？」我說「試了也沒用的，人家會藉口拿錯了，再給你換一把。反正無論怎樣，當你對那房子動了心，他就肯定有辦法騙走你的錢。」

別說自己不會上騙子的當，當你也陷入一場精心策劃的騙局裡，你能確保自己真的可以全身而退嗎？或許在以一敵百的龐大騙局面前，你我的下場都一樣。換個立場想一想，要是被騙的人是你，你願意我隨意評價並笑話你蠢嗎？

一個無辜的同事過馬路，被酒駕的司機撞傷住院。另一個聽聞後，笑了一整天，說這人太白癡了，怎麼連個馬路都不會過。還誇耀說自己活了快三十年了，從來沒有受過傷。結果這話剛說完，他下班時就因為過馬路看手機被車撞飛，第二天和同事躺在了一個病房中。

上學時，有個同學的爸爸跟別的女人跑了。她媽媽一個人做生意，沒空參加家長會。當時有個缺德的老師就在班上講風涼話，說：「讓你媽隨便找個男人嫁了，下次不就有男人來替她參加家長會了嗎？」畢業後，聽說講這話的老師也離婚了，不知道她現在有沒有隨便找個男人嫁了。

當刀沒插在你身上時，你不會感覺到疼，你只會站在那兒，看著被紮的人嘩嘩地流著血，並無所謂地說：「不就流點血嘛，一點也不疼啊，忍一忍就過去了，何必大呼小叫驚慌失措呢。」我一個女性朋友抱怨說，每次痛經時，她男朋友都會嘲笑她太軟弱，有公主病，問我應該怎麼辦。我說：「簡單，你朝他褲襠上踢一腳，讓他也感受下什麼叫生不如死的疼。」

世界上根本沒有感同身受這回事，只有當刀子劃在你的身上，你才會感覺到疼。這種疼，只有痛過的人才懂。人間來一遭，你我或許會遇到雷同的劇情，但絕不可能經歷完全相同的人生。在這場大起大落的賭局中，你可能摸到好牌，也會遇到爛牌。當你手握好牌時，勸你別過於得意，因為路還長，早晚有你栽跟斗的時候。人生路上，希望你能夠嘗試著理解別人的痛，體諒他人的不易，當他經歷挫折時，請不要一味地嘲笑或者勸他放下，這種安慰於事無補，因為他做不到。

前兩天去一家公司談事情，無意間遇到一個久違的朋友，他曾經有過很輝煌的成就，卻因為一場和前妻的官司傾家蕩產。領到離婚證書的那天晚上，我陪他蹲在民政局門口的小賣部前，喝光了兩箱酒。他邊喝邊吐，痛訴人生的無奈和不幸。我看著他崩潰的模樣，一言不發，我知道他在經歷全世界最難熬的事情。

我也曾經被人傷害和背叛過，但我承認，那一刻，還是很難感同身受他的處境。因為我不曾經歷他那樣輝煌的人生，也沒有過一夜間從山頂摔下的體會，更不知道被最愛的人捅刀子是什麼滋味。除了陪他喝點酒，說幾句不痛不癢的話，其他愛莫能助，畢竟我也是個兩手空空自身難保的人。

我曾經一度懷疑他走不出來了，甚至提心吊膽，擔心有朝一日會忽然聽說他自殺的消息。辦完事後，我和他在他公司樓下的沙縣小吃簡單吃了個飯。飯又乾又硬，味同嚼蠟，但他似乎吃得很開心。我要了兩瓶冰可樂，遞給他，想了半天，也不知道說什麼好，最終，還是悠悠地問了句：「緩……緩過來了？」「談不上緩不緩的。」他說，「事情是不細想了，日子也是一樣過。」

「那她呢？」我問。「不知道，沒再聯繫了。我放下了。」說著，他一口氣喝光了可樂，打了個飽嗝。我不知道他是否真的能放下，按我錙銖必較的性格，鐵定不會，但他既然那樣說，我就信，畢竟每個人都有自己的路要走，面對傷痛時的態度也不一樣。

他說他現在過得很好，找了新的工作，又認識了新的女孩，事業和愛情都有從頭再來的勁頭，「日子總是一樣地過，你覺得過不去了，再熬一熬，也就過去。不要刻意地去忘記，一切順其自然。能忘記的事自然能忘記，而不能忘記的事情，你會永遠銘記於心。」

是啊，我說，人生總有大起大落，能忘記就忘記，不能忘記就面對。如果那個挫折是道坎，要自己跨過去，跨過去後，要不跟他一樣選擇遺忘，要不跟我一樣銘記於心。總之無論怎樣，都要為了更好的明天去努力。

# 取捨也是一種勇氣

「唉，又失敗了。」放下電話，李想有點失落，這是他第三次和老婆溝通無果。「前幾年你搞遊戲創業，我也沒說什麼，但眼看著孩子就要生了。」那老娘們兒臨走前，撂下了最後一句狠話，「你要是再不穩定下來賺點錢，就給我滾出這個家。」

「滾出這個家？她以為她是誰！」李想有點憤憤不平，「哼，狗眼看人低，一介女流，囂張個什麼勁兒？真是井底之蛙。等著吧！」他說，「有朝一日，當全世界的人都玩我設計的遊戲時，你就知道你曾經有多庸俗了。」李想對著空氣說完了狠話後，又無可奈何地笑了笑。

他清楚自己現在的狀況，自他前年辭職創業，家裡大到房貸、管理費，小到水電、衛生紙，就連上次去廣州參展的高鐵票，都是老婆出的錢。此刻，家裡大大小小的開銷全靠她支撐，而自己作為一個創業兩年分文無收的魯蛇，顯然沒什麼資格跟她討價還價。

李想不是沒有良心，他也知道老婆嫁給自己後，確實沒過上幾天好日子，但作為一個理想主義者，他一時半會兒還接受不了這種理想和現實的巨大差距。他癱坐在地上，邊一根接一根地抽煙，邊思考著未來何去何從。

思來想去，他還是提不起一點找工作的勇氣。看著眼前滿地的垃圾，又一籌莫展地歎了口氣。「哦，這可不是垃圾。」他自我糾正道，這是他幾十年來的收藏品，是他從青春時代延續至今的記憶。

他蹲在這幾個髒兮兮的箱子前，扒拉著裡面的東西：有落滿灰塵的系統主機、陳舊的遊戲光碟、淘汰下來的顯卡主機板，還有些電腦零部件……老婆走之前，把這些全丟到了樓梯間的廢品回收處，說「都是過時的垃圾貨，放在家裡礙事」。

等她一走，李想就又把這些垃圾貨搬了回來。他從箱子中抽出一捆光碟，開始一張一張地翻看，這些都是當年發行的經典遊戲，每張光碟的背後都有他和朋友們一起通宵闖關的回憶。那些無拘無束的日子多美好啊，他懷念著，又暗自納悶兒：「我是從什麼時候起，跳入了婚姻這個墳墓的呢？」

翻著翻著，他忽然看到一張白色封面的光碟，上面隱約寫著一行藍色的圓珠筆小字。經過時光的打磨，那行字早已模糊不見，只留下一行淺淺的印跡，看起來熟悉又陌生。李想從地上爬起來，打算找台機器讀取光碟裡的內容，可他家裡只有最新款的PS4和Xbox One，這些性能超群的次世代主機，統統在這張垃圾貨面前罷了工。

他本就無聊，現在終於找到了可以琢磨的事情，便提起了興致。他在電腦上裝了幾個舊款主機的模擬器軟體，又不知從哪裡翻出來一個外置光碟機，接著，又找來和光碟機配對的連接線……一直折騰到晚上，電腦才讀取了那張光碟上的內容。

他點了點滑鼠，螢幕由淺入深地彈出啟動畫面。是一個胖子肉乎乎的大臉。李想是在遊戲論壇裡認識墩叔的，當時，他正在大學宿舍裡，沒日沒夜的努力破關某款解密遊戲，那遊戲的畫面不是很精緻。

當然，以現在的眼光來看，那個年代的所有遊戲的畫面都很爛，但至少故事很有趣。他操縱的偵探男主需要解開重重謎團，才能找尋到真相並得到美女的青睞。可在追求真相和美女的路上，倒楣的偵探男主被兇手打昏，被關在了一間幽暗的密室中，他需要找到鑰匙，打開密室的門。

密室裡有一台密碼保險箱，幾乎所有的玩家都認定鑰匙藏在其中，但李想不這麼認為，他堅信遊戲的製作組不會設計如此弱智的劇情，畢竟按常理來說，一個人把另一個人困在暗室裡，怎麼可能還會留一把鑰匙給他？

李想沒有將精力過多地消耗在保險箱上，而是用屋內的零散工具解開了門鎖，逃了出來。之後，他將此過程寫成攻略，發布到遊戲論壇裡。幾個玩家按圖索驥的破關，並紛紛回來感謝李想。墩叔就是其中之一。

墩叔的年紀比李想大很多，但具體大多少歲，李想從沒細問過。現在想來，大個七、八歲肯定是有了，因為那時墩叔已經開始上班領薪水了。在那個網速極慢的年代，李想每個月都會去中關村淘盤。

所謂淘盤，就是在一堆小山高的殘損光碟裡，翻找幾張品相尚佳且能完好讀取的光碟。這些都是中關村商戶們私自燒錄的盜版遊戲，包裝比較簡單，有些甚至連塑膠封套都沒有。打開後，裡面只有一張薄薄的光碟。

因為用料較為粗糙，所以壽命比較短，經常玩一兩次就報廢了。特點就是便宜，常常幾塊錢就能買到一張。運氣好的時候，趕上店家著急下班清庫存，甚至還可以成捆成捆的買。

而墩叔從來不在中關村淘盤，他每次進商場，都直奔主機專賣店，買盒裝的正版遊戲。與廉價的盜版光碟不同，正版遊戲一般都有精美的包裝，拆開厚厚的盒子，裡面放著遊戲光碟、遊戲攻略、人物海報，甚至還有原畫手冊。但價格也貴，常常幾百塊錢不等，有些限量版的，動輒上千人民幣也很正常。

墩叔從貨架上拿起一張新出的遊戲，準備結帳。這時，李想攔住他說：「別著急付款啊！」他指指遠處的一個小櫃檯，「那邊已經出了盜版，才五塊錢一張。」

墩叔笑笑說：「年輕人，玩遊戲要支持正版啊！」「沒那個必要吧……」李想不屑地說，「盜版的除了包裝差一點，內容跟正版的一模一樣。」

「是嗎？如果我們都去玩盜版遊戲，那麼正版遊戲的開發者，他們靠什麼吃飯呢？」墩叔反問李想。那時的李想還只是一個單純的遊戲玩家，只想用最少的錢把遊戲玩痛快了，並沒有考慮過遊戲開發者的死活。

被墩叔這麼一問，總買盜版碟的他有點下不了台，忙辯解道：「我沒錢嘛。」他掏了掏空空的上衣口袋，嘟囔一句，「你說，我什麼時候也能像你一樣自己賺錢自己花啊？」墩叔舉起手中的正版遊戲光碟，笑笑，肉肉的臉上擠出幾道皺紋：「等過兩年，你畢業找工作了，你也可以的。」

從中關村出來後，墩叔會帶李想去他家裡玩。那是四環邊上某小區的一居室，屋裡沒有什麼裝潢，只有一台電視，旁邊依次放著三大遊戲廠商的主機：PS2，Xbox，以及任天堂的NGC。

「這多貴啊？」李想對錢沒概念，但看著這幾個方方正正的大機器，知道它們一定價格不菲。「一台四、五千吧，攢了好幾個月薪水才慢慢買齊的。」墩叔說著，把新買的遊戲光碟塞進其中一台機器裡，遞給李想一個手柄，「這個遊戲好玩，我在雜誌上看到的，說能雙人同屏，今年的大作，試試看。」

在這之前，李想只玩過電腦遊戲。此時的他才知道，原來還有一些昂貴的機器，它們之所以被生產出來，不是用於學習、上網、看電影，而只是被用來玩遊戲。握住手柄的那一刻，他想起了小時候在同學家偷偷用學習機打超級瑪利的時光。

李想羨慕墩叔，羨慕他有房有電視，羨慕他有工作有工資，更羨慕他能夠自由自在地玩遊戲。在那之後，李想每週都會去找墩叔，並在他的家裡度過了最快樂的一年。

墩叔和李想之所以能成為好朋友，很大一部分原因，是他們都不喜歡純打怪升級的RPG（角色扮演遊戲），他們覺得這種遊戲原始且無腦，相比之下，二人更喜歡解密探險類的遊戲。

他們樂於在玩遊戲的過程中，隨著劇情的發展而展開思考和討論：這個環節為什麼要這麼安排？這個關卡為什麼要這麼設計？這個劇情往後還會怎麼發展？甚至還會討論開發組在設計遊戲時是基於怎樣的考慮，人物如果觸發了另一個動作，結局又會變成什麼樣子。

而每次逛中關村尋找新遊戲時，墩叔都會站在櫃台前，叮囑李想「一定要買正版遊戲啊！」後來，墩叔介紹李想加入了一個遊戲俱樂部。李想在那兒認識了幾個遊戲公司的工作人員，通過他們，李想才慢慢瞭解到一款遊戲的研發過程和製作流程。原來這些看著絢麗多彩的遊戲，都是被一行一行的代碼敲出來的。

李想這才明白，墩叔總叮囑自己買正版遊戲，是因為這些遊戲背後的開發者，是一個個活生生的人。這些活生生的人，是需要靠賣遊戲賺到的錢來吃飯的。在他們的影響下，有天，李想忽然下定決心，將來，他也想做一款屬於自己的遊戲。

對於一個還沒畢業的大學生來說，這雖然有點遙遙無期，但好歹也算是找到了努力的方向。於是，他開始自學開發遊戲的相關課程，慢慢接觸這個行業。他想和這些人一起，研發出一款更好玩的國產遊戲。

## 幸福有不同解答

但好景不長，某天之後，墩叔就很少參加遊戲俱樂部的活動了。四下打聽後李想才得知墩叔談戀愛了。李想去墩叔家找他，開門的是個女孩，那是李想第一次見到墩叔臉紅。

那女孩算不上漂亮，但感覺很賢慧顧家，聽說是某個小學的語文老師，看上去就很傳統。他們倆正在收拾屋子，說是要準備新房結婚用。女孩正用紙箱子把墩叔的遊戲碟片一張張地裝起來，並用膠帶封好，和過期的報紙雜誌一起堆放在陽臺一角。

李想看著忙碌的兩人，知道自己再也不能和墩叔通宵玩遊戲、討論關卡劇情了，他覺得自己就要失去這個朋友了，他想做點什麼，給這段友情留個紀念。墩叔結婚那天，李想也去了。他沒錢給墩叔包禮金，只好趁大家不注意的時候，拿出一張遊戲光碟，偷偷遞給墩叔，說：「這是為你做的遊戲，叫《墩叔的大冒險》。」

那是李想根據網上的教程，在某款遊戲的基礎上，修改MOD二次開發出來的小遊戲。李想用了一個月的時間製作，又在中關村買了兩張空白的光碟，借了台燒錄機壓制而成。一張他留著，一張給了墩叔。墩叔聽後，笑著點點頭，把光碟塞進了西裝口袋，又忙前忙後地和新娘一起給賓客們敬起了酒。

婚後，墩叔徹底離開了遊戲俱樂部，李想接過了他的大旗，和俱樂部裡其他幾個年齡相仿的成員一起開了間遊戲工作室。說是工作室，其實就是宿舍樓倉庫裡亂糟糟的一間小屋。同時，他還報了個訓練班，學習遊戲開發語言和原畫設計。沒事的時候，李想就打開電腦，玩玩《墩叔的大冒險》，而他的夢想，是有朝一日可以做一款真正屬於自己的遊戲。

某天晚上，李想剛剛睡下，墩叔敲開了他工作室的門：「你這有地方嗎？讓我湊合睡睡。」工作室很亂，沒有床，地上只有一張涼席，墩叔就直接躺在了上面。「怎麼不在家裡睡？」李想問。「跟老婆吵架了。」墩叔挪動肥胖的身軀，接著，又露出他那靦腆的標誌性傻笑，「通宵在家玩遊戲，被趕出來了。」

醒來後，墩叔用李想的電腦玩了半天的遊戲，又睡了個回籠覺，直到第二天下午，他接了個電話，才離去。臨出門，墩叔說：「我走了，再不回家就得離婚了。」說著，他又看看李想，「真羨慕你們！年輕，無拘無束。」

又過了兩天，墩叔打電話讓李想下樓。李想走出宿舍樓，看見墩叔帶來了幾個大大小小的箱子，他隆重地把箱子交給李想，「我玩不動了。」他說，「老婆下個月就生產了，以後這些東西就給你了。」

李想打開箱子，裡面是一張張遊戲光碟，還有一台PS2遊戲主機。「老婆說有輻射，不讓玩。家裡開了個小店，以後得專心工作賺錢養家糊口了。其他的都賣了，剩下的……你就自己留著玩吧。」墩叔說著，轉身就要走，走了幾步，又扭過頭來，自顧自地說，「想想也是，都要三十歲的人了，確實該收收心啦。」

畢業後，一起做工作室的朋友都各奔東西了，只剩李想一個人死撐。他沒有急著找工作，仍是悶頭開發，終於在第二年，憑一己之力，做出了屬於他自己的遊戲。

遊戲發布到網上的第一週，無人問津；第二週，他自己編了篇評論文，以玩家的角度吹噓這款新遊戲如何神奇好玩，貼到論壇後，一天的下載量就破了十萬；第三週，有人破解了他的遊戲，將其中收費的關卡破解出來，供玩家免費玩；第四週，網上到處都是這個遊戲破解版的下載網址。

自始至終，李想沒有靠它賺過一分錢。又撐了半年，他終於宣佈停止維護這款失敗的遊戲。生計所迫，他面試了一家遊戲公司產品經理的職位，開始給老闆打工。在中國國內，單機遊戲本就沒什麼市場，大家都在做網游，尤以打怪升級奪寶的RPG作品最甚。公司每天開會，討論的都是如何吸引玩家花錢充值：充一千就能當會長，充一萬就能獨佔地圖裡的boss，充十萬就能稱霸全服。

開了幾次會後，李想終於拍案而起，他指著老闆的鼻子吼道：「這不是做遊戲！這是在製造垃圾！」李想辭職後，那款遊戲如約發行，並在各大網站的右下角投放了大量低俗的宣傳廣告。某天，他實在忍不住好奇心，想知道這款遊戲究竟做成了什麼德行，便隨手註冊了個帳戶。

剛進入遊戲，李想還沒來得及動滑鼠，螢幕上的人物就自己走動起來。那個角色穿好了衣服，拿著木劍，跑到村外朝野怪們一頓猛砍。李想木訥地盯著螢幕，看著它自己打怪、自己升級，甚至自己跟NPC對話領獎品做任務……看了一會兒，他覺得有點無聊，就開著電腦去洗了個澡。從浴室出來時，他發現那個創建不到半小時的角色，已經升到四十九級了，裝備也改槍換炮。此刻的「他」穿著一身白銀鎧甲，拿著屠龍寶刀，在跟一個大 boss 對戰。

四十九級的攻擊力果然很強，幾刀下去，就砍掉 boss 三分之一的血量。這時，系統提示說，人物的魔法值用完了。正待李想打算去哪裡再撿一瓶魔法藥水時，螢幕上忽然彈出一個對話方塊，上面赫然寫著兩個選項：一、充十元錢，得一大包魔法藥；二、充五十元錢，立即擊殺 boss。

他鬼迷心竅地點了後者。剛付完錢，只聽轟的一聲，那還有一大半血量的 boss 忽然原地爆炸，掉出了滿屏的極品裝備。螢幕上的小人一件一件地把裝備從地上撿起來，並換上了一件金光閃閃帶翅膀的鎧甲。這時，旁邊跑過來一個人，似乎為了搶裝備，衝上來就朝它砍了一刀。李想的角色也沒有多猶豫，舉起屠龍寶刀回砍了過去。於是，兩個虛擬的遊戲角色邊大罵邊揮刀，喝著藥水對砍。

李想兩手空空地看著鍵盤和滑鼠，呆坐在螢幕前，感覺自己在夢遊。砍了一會兒，李想發現，他的角色的攻擊力明顯不敵對方，血量正刷刷地往下掉，喝藥水都補不過來。眼看它只剩一絲血，馬上就要死掉的時候，螢幕上又彈出一個對話方塊，這次有三個選項：第一個選項跟上次類似，充十元錢，得一大包金創藥；第二個選項是充五十元錢，給金創藥，並提高20%的攻擊力；第三個選項是充一百元錢，內容是……驚喜。

驚喜？李想不知道這葫蘆裡賣的什麼藥，索性點了驚喜選項。剛支付完成，他的角色瞬間升到了九百九十九級，並揮出一道炙熱的烈火光芒，一刀將對面滿血的人物撂倒了，掉了一地的極品裝備。

李想打算撿裝備時，螢幕上又彈出一個對話方塊，問他要不要考慮再充一千元，成為遊戲的VIP玩家。以後每次在砍人時充值，他都將享受八折優惠。嚇得李想當時就把無線滑鼠扔出了窗外。第二年，他的老東家，做這款垃圾遊戲的公司上市了。

## 學著接受是一種成熟，懂得放下是一種態度

李想再見到墩叔已經是去年的事了，李想作為獨立開發者，在廣州的一個展會上推廣自己設計的遊戲，正好墩叔的公司在此也有展位。會上，李想花了很長時間才認出墩叔，他比以前更胖了，臉上已經完全沒有了當年的羞澀和靦腆。

墩叔遞上名片，說自己目前在一家軟體公司做銷售，張口閉口就是幾百萬美元的生意。「那你還玩遊戲嗎？」李想問。「早不玩了。」墩叔說，「雖說我們公司製作遊戲，但我沒什麼心思玩了，整天就是忙忙忙。以前孩子也會玩一玩，我就在旁邊看看；現在孩子他媽不讓他玩了，說過兩年就上國中了，升學考試決定了孩子的一生，說即使我們家孩子沒有贏在起跑線上，也不能輸在終點線上……都是為了孩子啊！」墩叔說著，忽然看到李想身上印有「個人開發者」字樣的胸卡，「沒想到你還堅持著呢。」

那……那些遺落的夢想呢？這話李想沒敢問出口，畢竟如今自己也三十歲了，兩個中年男人，張口閉口談夢想，太酸了。「走了，一會兒還有個客戶要見。墩叔看看錶，

遞給李想一張名片，說：「保持聯繫啊。」李想握著那張名片，看著墩叔胖胖的身影，不知怎麼了，腦海裡一直在重複他感慨的那句話：「都是為了孩子。」

為了孩子。這話多耳熟，李想記起來，老婆跟他吵架時也是這樣說的：「你就不能去正經地上個班？你看看以前跟你一起混的那幾個同事，哪個不比你賺得多？眼看著孩子就要生了，難道你還指望著靠這破遊戲賺奶粉錢嗎？」

李想曾聽過一個「一千小時天才」的理論，說一個人，只要能堅持做一件事情一千個小時，那他一定能成為這個領域的專家。李想算了算，他從十八歲到現在的三十歲，已經在遊戲領域鑽研了十二年了。十二年就是四千三百八十天，哪怕按每天鑽研一小時來算，也四千多個小時了。經過這四千多個小時的打磨，他應當算是這個行業的頂尖人物了吧？

哪怕不頂尖，也能算半個專家吧？如今這半個專家會餓死嗎？事實是，他做的東西總是曲高和寡，口碑好的賣不動，賣得動的他又不喜歡。這些年來，做一款自己熱愛的遊戲並以此謀生，好像成了一個遙不可及的夢。

他把那次廣州的推薦會當作最後一搏，可惜依然無人賞識。他只記得有個投資人試玩過他的遊戲後說：「能看出來你很有天賦，但有天賦不一定能做出好的遊戲。要知道，好遊戲對我們來說就是好產品，而如果它是好產品，那就一定得能賺錢。」賺錢啊賺錢，你們怎麼就知道賺錢？這個世界上難道沒有比賺錢更重要的事情嗎？

說到賺錢，他忽然好奇墩叔如今「動輒幾百萬美元的生意」，便從包裡翻出他的名片，借著螢幕的光細細地查看。李想這才注意到，墩叔目前就職的公司，正是業內臭名昭著的山寨遊戲公司。

這家公司鑽法律漏洞，經常仿冒世界各大廠商的遊戲，別人做什麼，他們就跟風開發什麼，他們做的《憤怒的小雞雞》、《旅行蛤蟆》以及《僵屍大戰植物人兒》等遊戲，售價低廉，畫風山寨，竟然也賣得不錯，遠銷海內外。墩叔的職位是「海外管道拓展」，看來，應該是專門負責往國外推銷和發行那些山寨遊戲的。

李想退出遊戲，將盤塞進封套放回箱子。胖胖的墩叔似乎還站在那裡，一張一張地挑著遊戲碟片，叮囑自己說：「要買正版軟體啊，年輕人。」

社會就像一個左右開弓的巴掌，把每個人的臉頰都搧得通紅。李想捂著滾燙的臉，說不出一句能夠為墩叔辯解的話。他明白了，人生在世都會為了生計而放下一些東西，那些東西會成為我們的遺憾，卻也會成就我們的明天。

李想抱著箱子走出家門，把那些光碟和老爺機統統丟進垃圾桶。他拿出電話，從通訊錄我的最愛裡找到一個號碼撥通，他說：「老婆，你回家吧……我不創業了，這婚我們也不離了，下週……下週我就回原來的公司上班。」

第 3 章

# 聽從你心，愛你所愛，行你所行

要說浪漫、夢想是人生之必須，恐怕很多人不同意。但要你像牛羊一樣無憂無慮，一輩子只要低頭吃草就能過活，你也未必甘願。因為人追求自由，渴望意義。因為有一個東西叫心，如何活可能比活下去更重要。對人而言，務虛與務實缺一不可。

從什麼時候開始，我們在無數標籤與壓力下，被無止境的貪婪與慾望追趕著，崇拜著別人的樣子，卻忘了問自己，自己真正適合什麼、擅長什麼、在意什麼、想要什麼。人最難受的，不是沒有人懂你，而是你不懂你自己。一個人知道自己為什麼而活，就有了面對風雨的底氣。

# 影響你的不是現實，是信念

作為一名寫作者，我曾經不能免俗地跟風寫過一陣子公眾號，但堅持了一段時間後就吃不消了。因為我的效率太低，打字太慢，感慨太少，瑣事又多，久而久之，就放棄了公眾號的維護。

但我認識一個很厲害的人，工作之餘還勤勤懇懇地寫公眾號、追話題，日產三、四千字很正常。我佩服這種筆耕不輟的人，想到他熱衷於寫作，文章閱讀量也不低，便將他介紹給了我的一個編輯朋友，看看有沒有可能做本書。二人一拍即合，當即簽訂了出版合約。

但沒欣慰多久，半個月後，編輯朋友找到我，告訴我這本書不做了。「我一看是你介紹的，也沒多想，就正常審稿。」編輯朋友說，「但看了兩、三篇後，我的另一個同事說看著文章眼熟。我還跟人家解釋，這本就是公眾號結集出版的文章，作者是知名大V，很多人轉過他的文章，你看過也不稀奇。」

同事說不是，他記得寫這篇文章的是個女孩。我們就在網上搜了搜，結果還真的是。「你這哥們兒把人家的故事換了個說法，人物名字改一改，再從另一篇文章裡扒拉一些優美段落加進去，就成了一篇新文章，而且因為手法巧妙，還獲得了微信公眾號的原創認證。」

「那怎麼辦？」我問。「是啊，我們一想這不行啊，抄襲的東西不能做書，就要跟他解約。你猜他怎麼說？人家振振有詞地說：你們睜開眼看看，我的每篇文章都獲得了微信平台的原創標籤，你們憑什麼說我抄襲？」

## 金錢是一根魔杖，輕易就能改變人的模樣

我又尷尬又生氣，就去質問那位作者朋友。他一聽來意，笑著說：「書嘛，不做就不做了，我都沒表態，你生什麼氣呢。」「但是出書不是你一直以來的夢想嗎？」

「能賺到錢就好……夢想什麼的，不重要吧。」說著，他又打開了電腦，「來，你看看我新寫的文章，是給某廣告主定製的商業文，就這三千字，你知道給多少錢嗎？」他伸出兩個手指頭，「兩萬！爽不爽？現在這年頭，出版業如此不景氣，你那些書全賣了，能賺兩萬塊嗎？」

「兩萬嗎？」聯想到我嘔心瀝血依然銷量慘澹的圖書作品，我懊惱地搖搖頭，「但你這是抄襲。」「抄什麼襲？」他忽然從椅子上坐起來，似乎受到了莫大的侮辱，「這叫借鑒，借鑒你懂嗎？不然你說我每天更新，哪來那麼多故事和經歷？追話題也得有素材啊！」他拿出手機，點開他的公眾號，「你看看，閱讀量這麼高，說明什麼？說明讀者喜歡看我寫的東西！」

我正打算跟他理論，這傢伙忽然按住了我的手，「想開點吧，」他說，「能賺錢就行，別計較那麼多，畢竟我們都快三十歲了。」

昧著良心的事情做多了，難免會被抓包。後來，我的這位作者朋友終於被另一個公眾號扒皮。誰知，他惡人先告狀，慫恿粉絲去被抄襲的公眾號下留言：「裝什麼純潔，不就是想要錢嗎？說抄了你的文章，洗了你的稿子？也不看看你是什麼咖。說真的，要是沒有我們的這位大V作者，誰認識你是誰啊？」說真的，要是沒有我們的這位大V作者，誰認識你是誰啊？真想替被抄襲的人回答一句：誰稀罕你的認識。

更絕的是，之後這傢伙又洗了一篇別的稿子，投到了某知名雜誌上。雜誌在公眾號上刊登了這篇文章，並標了原創。我一看，這次洗了四、五個我看過的稿子，其中有一段，是我另一個作者朋友發在豆瓣上的小說裡的內容。

我順手點了檢舉，並附上了朋友的原文連結。結果第二天，我收到了微信平台的通知，「被舉報的文章，符合微信的原創標準」告訴我舉報不成立。

幾番打聽後我才知道，原來做公眾號也是有產業鏈的。公眾號作者為了更高效地日更增粉，瘋狂買素材，洗稿，追話題，研究怎樣繞過微信的原創審查，最終做成大號，然後堂而皇之地接廣告。

一篇文章的廣告費少則三、五萬，動輒幾百萬，甚至可能比我這輩子賺的都多。看到這裡，或許你可以笑我是「吃不到葡萄說葡萄酸」，但我還是要坦蕩地說一句：賺錢有一百萬種方法，但我不能選這最髒的一種。

## 擁有面對生活挑戰的底氣

近兩年來電影熱，身邊寫東西的作者們開始一窩蜂地寫劇本。有個朋友知道我向來缺錢，拿著一個幾百字的故事大綱找到我，讓我幫忙擴寫劇本。「給錢，但是不掛名。」朋友特意強調，「能接受了才做，不做也沒關係，反正有的是人搶著做。」

沒掛名就沒掛名吧，我想，畢竟活著已經不容易了，臉可以不要，能賺錢就行。交稿後，朋友很乾脆地結了賬。過了大半年，我忽然想到那個劇本，就好奇地去問了進展。

「你那個故事不太行，」朋友打發我說，「我們又找了幾個人，正在潤色。」

雖說我臉都不要了，但總歸還是個男人，聽到被人說「不太行」，有點不太開心。又過了幾個月，在我快把這事給忘了的時候，忽然某天，接到朋友電話，通知我去參加那個劇的內部看片會。

如坐針氈地看完了人生中第一個被拍出來的故事後，我發現它不但被改得面目全非，還加入了很多網上的惡俗段子和抄襲的劇情。雖說掛名的不是我，但我依然感覺不是很舒服。我難以掩飾內心的不爽，對他說：「這個劇情不合理，而且太鬧了……」

「誰管這個？」朋友見我不識趣，忙打斷我，「你看看我們這陣容！這特效！多好啊！我們拍的是賀歲片，賀歲你懂嗎？老百姓們忙一年了，聚在一起看場電影，開心就行了，誰管拍的是什麼？你又生個什麼氣呢！怎麼淨挑劇情的毛病呢？國產電影多不容易啊，得支持，更何況導演那麼年輕！還是個孩子！」

「中國式寬容」有四個關鍵字：大過年的、生什麼氣、都不容易、還是孩子。這人說話真有水準，一個句子，把中國式寬容的四個要素都包含進去了。是啊，我想，上班那麼忙，工作那麼累，辛苦了一年了，結果你就讓觀眾花錢看這種電影，安的什麼心？

電影上映後，果真惡評如潮。發行團隊緊急救火，花重金找人做口碑行銷，竟然找到了前文中我的那個靠抄襲起家的公眾號大V朋友。他一看錢不少，便絞盡腦汁試圖給這部電影找幾個優點，無奈這影片實在是扶不起的阿斗，他看了十幾遍後，只找到一個可吹捧的點：主題曲好聽。

「讀者朋友們你們聽聽，」他在公眾號裡寫道，「這主題歌在某某平台已經有幾千萬次的播放量了。主題曲都這麼好聽，那電影能差到哪裡去？」這就好像你去某餐廳吃飯，菜很難吃，老闆說，你看我這盛飯的碗多漂亮，你怎麼能說飯難吃呢？不止如此，他筆鋒一轉，還借此批判了那些給這部電影打差評的人，成功地將這篇商業文昇華成了雞湯文，他總結道：「你不喜歡並不意味著它不好，而你再嘲笑它爛，也不會因此讓自己變得高級。」

我從來沒有覺得自己高級，但不管我高級或者低級，我都有對某個事物發表看法的權利。或許文藝作品的品質沒有一個統一標準，但觀眾看完電影的感受就是一種很直接的評判。拍得不好就是不好，這跟做人高級不高級沒關係。你可以用這頂帽子攻擊我，但我不能妥協，說服自己乖乖地和你一起製造垃圾。

之後，我沒有再和那幾個朋友合作過。期間，也常常有人勸我說，這些都是正常現象，在每一個我所看不慣的社會現狀的背後，都有一套利益規則在運轉，畢竟存在就是合理。

我並不是一個多麼高尚的人，也曾經為了錢做過很多昧良心的事，因為我之前遇見的每個人都在用「存在即合理」為自己找藉口。他們告訴我說：「別掙扎了，破罐子破摔吧。我們在這個糟糕的過程中，開開心心、毫不費力地把錢賺了，這樣多好。如果有人批評你，你就說他裝高貴；有人反駁你，你就笑他們不識趣。」

於是，那些年，我常常像一個時刻在生存和尊嚴的鋼絲繩上晃蕩的小丑，一直湊合著、妥協著、偷懶著、無奈著，迷迷糊糊地走到了鄰近中年的路口。時間久了，我發現，自己的每一次妥協，都是在加速走向墮落。

如今我快三十歲了，站在中年的路標前，回頭看滿目瘡痍的人生，發現竟然沒有幾件事情可以用作青春的留念。我因為曾經的自作聰明將事情做得千瘡百孔，細數下來，全是未竟的遺憾。

曾經和朋友創業做廣告公司，接了個專案，為另一家公司設計畫冊。朋友為了省錢，就找了一家野雞印廠合作。野雞印廠的設備明顯不行，印出的成品色差十分明顯。我說這個品質太差了，不能把這樣的東西交給客戶，這是在砸招牌。

「有這偷工減料的方法你不用，傻嗎？」他說，「你別管了，這事我來解決。」他一個電話，把客戶公司的採購約了出來。全套大保健後，他跟我說：「搞定了。」幾天後，客戶果真簽收了那批殘損貨，並付了尾款。他拿到錢後，嘲笑我：「你看，這不就解決了嘛。我們省點錢，他拿點回扣，大家有吃有喝，不傷和氣地一起把錢賺了！多好！」

是啊，真好。

之後，我就習慣了這樣的方法，用廉價印廠、粗製濫造和偷工減料對付客戶，一旦出了問題，就試圖通過請客吃飯、走人情賬、塞回扣讓客戶埋單。他們告訴我這就是社會運轉的法則，這就是讓甲乙方都高高興興和和美美賺錢的秘訣。

再之後，我的公司就倒閉了。因為沒有人願意一直和這樣的垃圾公司合作。你在網上買了東西，到手後發現品質不行。你跟店家理論，店家告訴你說，這破玩意兒品質確實不行，我給你返幾塊錢，你湊合湊合用用得了。

年齡大了，你父母給你介紹了一個人相親。你對他沒有好感，但父母說這人還行，要求別太高，應付著能過日子就行。上班了，上司讓你出門做一份資料收集。你拿著調查表在大太陽底下站了一會兒，又熱又睏。兜了一圈後，偷偷用不同的筆跡把單子塗抹完畢，裝作一副辛苦工作的模樣回公司上交資料，心想：反正他也不會一個一個地去實地調查，應付一下就行了。

「人生在世，湊合湊合過得了。反正就那幾十年，得過且過，能偷懶就偷懶。反正日子一樣過，畢竟存在就是合理。」我之前就是被這句話毀了。因為當你習慣了湊合、偷懶、妥協、將錯就錯的生活，你就很難再認認真真地做一件事了。

事到如今，我常常想說，如果當時把事情做得好一些、做得漂亮一些、再認真對待一些，或許那次創業就不會失敗。如果能把握每次機會，或許就不會混成現在這個德行。

前兩天，微信整治抄襲行銷號，終於封掉了我那個哥們兒的公眾號。同時，另一個常年苦於被抄襲的作者，用一紙訴狀將他告上了法庭。看到了嗎？世上沒有什麼捷徑，你的每一次墮落，或許會讓你暫時嘗到甜頭，但你終將為此付出代價。因為你的每一次偷懶和妥協，都是在給自己的人生差評。而一個滿是差評的人生，是不可能有希望的。

# 你的選擇，決定了你的樣子

我曾經在網上看過一條新聞，大意是：一個二十七歲的無錫男子在黑竹溝景區遊玩探險失聯，事後景區動用了大量的人力物力，他的父親花了二十萬，母親操碎了心，仍然搜尋無果。但是在他失聯整整十七天後，其父卻在拉薩市的一家青年旅店裡找到了他。

原來，一切都是他自導自演的失聯鬧劇。偷偷離開景區後，他換了一張新的手機卡，使用別人的身份證沿路開房，最後輾轉去了拉薩。而至於為什麼要費盡心機地策劃這樣一場苦情戲，他說：「因為這不是我想要的生活，沒有幸福感，與父母之間存在溝通障礙，做工程師很辛苦，我吃不好，睡不好，我需要一個安靜的環境。」

類似的新聞還有很多，我隨隨便便就能找到：廣州一名年輕女子輕生落水，計程車師傅朱亮看到後，丟下車縱身一躍救人。然而，在女子順利得救後，朱師傅卻發現自己放在岸邊的褲子被人偷走了，裡面的身份證、駕駛證、現金和銀行卡全丟了。朱師傅的妻子坦言，現在想想還是有些後怕，萬一他因救人出了什麼事，留下他們孤兒寡母，都不知道該怎麼辦。

朱師傅只是為了救人丟了錢包證件，漢中的那位計程車司機就沒那麼幸運了。二〇一六年五月，陝西漢中，一名女子輕生跳漢江。計程車司機羅成華發現後上前阻攔，之後兩人一起落水。幾天後，女子在江中被發現，已經溺亡。不多久，羅成華的遺體也被打撈上岸，也已溺亡。

這個故事很感人，但給我留下深刻印象的，卻是某位網友的評論：那位計程車司機是看妹子長的好看，想去調戲，結果一起掉水裡了吧？死了活該。

人言可畏。

我身邊有很多經常向我表達對生活的不滿的人：當公務員嫌生活太安逸不刺激，當上班族嫌收入少沒發展，去創業嫌風險大心理承受能力低，在家宅著就嚮往詩和遠方，在外漂泊就依戀家的溫暖，餓的時候憧憬吃飽的滿足，吃飽了又懷念餓得瘦骨嶙峋的身材，沒對象的幻想愛情的美好，真有女朋友了又開始懷念單身的自在……A也不行，C也不行，活脫脫把自己變成了B。

所以，我很想問一問那些過著安穩日子卻不知足的人：你們究竟想要怎樣的生活？跟那位在黑竹溝景區故意「走失」的男生一樣，去深山老林裡當個原始人，是你想要的生活嗎？人類社會好不容易經過幾千年的發展走到今天這一步，你竟然想回到原始社會……反人類嗎？

我常覺得應該立一條法律，就叫《反人類輕生罪》。不單單指那些要喝安眠藥自殺最後洗胃搶救的人，還包括這種放著好日子不過，閒的想不開給大家找麻煩的人。把他們一律抓起來判刑，在暗無天日的監獄裡關上幾年，讓他們好好靜靜。可能只有這樣，他們才能感歎活著的美好吧？某人如果實在想不開，要輕生自殺，也請找個沒人的地方，先挖好坑，從頭到尾都不要給別人添一點麻煩！

我跟那位二十七歲故意失蹤的男生是同行，作為一名軟體外包行業的老人，我經常被外派到各個公司做專案，最忙最累的時候連續幾個月都吃住在客戶現場。餓了吃泡麵，睏了睡彈簧床，工作強度大到做夢都在給業主老爺改 bug。

你問我累嗎？真的很累。腰酸背痛地對著電腦坐一整天，冒著猝死的風險賺點辛苦錢，加上技術不斷更新，總要看資料學習，否則一不小心就被 out 了，簡直就是玩著命幹到老學到老的行業。

但是要真說累，這個世界上又有誰能夠不操任何心地活著？試問這個世界上誰不累？在外面風吹雨淋奔波生計的小攤小販累不累？在工地上搬磚扛貨的工人兄弟累不累？騎著電動車危險逆行，為了一單賺一塊錢提成的外賣小哥累不累？冒著分分鐘跳樓自殺的風險，在富士康車間的流水線上工作的工人累不累？在太陽地裡辛苦勞作的、滿手老繭的農民伯伯累不累？

而說起煩惱，誰沒煩惱？失戀的少女很煩惱；因寫錯一道題，導致高考差一分，又得重讀的人很煩惱；某明星又出緋聞，著急忙慌地找公關刪文的經紀公司很煩惱；上班晚打一分鐘卡就被扣全勤工資，導致飯錢又沒著落了的白領很煩惱；我又在文章中寫了一句髒話，編輯唉聲歎氣地說我粗俗、不高雅，又要重寫的我很煩惱……為了生存，每個人都帶著傷痛辛苦地活著，誰又能真的比誰輕鬆多少？

## 唯有經歷，才有共鳴

我寫過很多故事，所以經常有人問我：「你寫的這些都是真事嗎？」我說，這些故事三七開，有真有假，但假的多，真的少。因為雖然故事來源於生活，但當它經過加工渲染，變成一篇完整的小說時，就已經或多或少地變了樣。小說一定要比生活精彩，這樣才能吸引讀者點讚轉發。

可是生活往往比故事深刻，因為故事永遠只是故事，是只存在於別人世界裡的生活。世上只有喜悅是可以拿來跟人分享的，而悲傷和難過，他人不可能通過故事就能體會。

我寫的這些故事中，至少有一個是真的，就是F凱，我的高中同學。其實回想起來，我們上初中時就認識了，只是那時不太熟。高中時我們同班，漸漸熟絡，關係不錯。高考後他又重讀了兩年才考上理想的大學，結果就在拿到錄取通知書的兩個星期後，他跟朋友深夜酒駕，車禍身亡。

F凱在社交網路上的最後一條狀態更新於二〇一〇年七月六號，寫的是高考後的快樂和對未知人生的期待。在他離世幾年後，我們這幫同學朋友結婚的結婚，生子的生子，當然也有像我這樣依然在外漂泊一無所有的人，我們都有著或喜或悲或順利或艱難或美滿或小不幸的人生，還可以痛痛快快地活上五六十年。可是他的人生，永遠停在了二〇一〇年的七月，他的二十歲。他死了，再也沒有明天。而他那些還活著的親人，每想起他一次，心就痛一次。

當今社會發展很快，日新月異。對於我們這些活著的人來說，每一天都有看不完的電視劇和好節目，聽不完的好音樂和讀不完的好書，去不完的地方以及愛不夠的人……

我說過很多言不由衷的話，但有一句是發自肺腑的：我跟你們一樣熱愛並珍惜這條命。真的，我熱愛我的命，就如同我堅定地厭惡那些輕生的人，我甚至憎恨那些鼓吹他人去玩命、去飆車、去窮遊等誤人子弟的行為。人活在世，有本事，就多為這個社會思考一點，多做一點力所能及的事；沒本事，就安安穩穩地活著，上班賺錢，養家糊口，該知足的時候知足，享受有家有室的小幸福。

我不是霍金、愛因斯坦、達爾文、黑格爾、尼采、柏拉圖式的人物，非要弄清楚人為什麼活著，窮盡一生去研究人生在世這匆匆幾十年對宇宙萬物的意義，我不關心那些，我只關心當下的生活。

不知道現在在看這篇文章的你是個怎樣的人，或許你跟我一樣沒房沒車，每天為了生計東奔西走，依然只是個毫無成就的小人物。無論怎樣，我都希望你能跟我一樣，在每個昏昏欲睡的夜晚期待新一天的太陽。都來這一遭了，為什麼不好好的活著呢？畢竟，對於那些已經逝去的人而言，你現在厭惡的每一天，都是他們曾經無限嚮往的明天。

# 結局是終點的，故事是自己的

年底的時候，我去了兩次火車站，都是送人。他們一個從北京西站走，一個從北京南站走，走的時候，他們都對我說：這次離開，就再也不回來了。

我和馬叔是八年前一起到的北京。他雖大我三歲，工作經歷卻不比我多。因為他為了考清華，複習了三年，但分數一年比一年低。後來實在考不動了，就隨便找了個學校，碌碌無為地混過了大學時光。

畢業後，馬叔打算考公務員，考了幾次，成績依然是一次不如一次。最開始他的目標是檢察院，後來打算考工商，最後又考銀行，全都落榜後，他竟然要去考獄警。

那是我第一次進監獄，冰冷的高牆大院坐落在市郊的一片荒地上，四周是密密麻麻的鐵絲網。帶我們參觀的叔叔說別亂摸，小心電死。十點鐘的時候，犯人開始自由活動，我們站在鐵絲網後，看著他們穿著灰色的囚，衣無精打采地圍著操場畫圈，如同在看《行屍走肉》。

「太難熬了，太難熬！」馬叔邊看邊感歎。在回來的公車上，馬叔忽然想起什麼，問我說：「你是不是要去北京了？」「嗯，打算去混混，碰碰運氣。」他一隻手握著公車扶手，一隻手托著下巴，痛苦地思考了很久後，說：「那我也去。」

## 哭過、笑過、痛過、愛過，沒關係，這是人生啊

馬叔到北京後做過很多工作，快遞、保險、銷售，最後，他做了一名地產經紀人，說白了就是房屋仲介。那是二〇〇九年，馬叔信誓旦旦地告訴我說，房價會漲的，這是一個朝陽產業。他說得沒錯，他剛入行那會兒，北京房子的均價是每平方米一萬五，一年後漲到了每平方米兩萬六，現在，均價已經每平方米五萬了。

他就像港劇《地產風雲》裡的葉榮添一樣，賭對了房地產行業的繁榮前景。他做仲介的第一個月，就賣出了一套房，賺了三萬塊錢。之後的每個月，他都能賣出好幾套房子。三年後，他攢夠了人生的第一個一百萬。五年後，他在北京全額不貸款買了自己的第一間房。抱歉，以上這段是我編的。人生怎麼可能像勵志雞湯文一樣順利？

真相是馬叔猜中了開始，卻沒猜中結局。北京的房價雖然年年上漲，但這顯然跟一個仲介沒什麼關係。入職的大半年後，馬叔才賣出第一間房子，也是那間房，給他帶來了麻煩。

那間房存在債務糾紛，剛走完手續就被司法查封。買房的人極其憤怒，到馬叔的店裡要說法。客服部的小葉接待了他，憤怒的顧客把她罵得狗血淋頭。馬叔看到被罵得梨花帶雨的小葉，氣得一腳把顧客踹了出去。

因為這事，馬叔失業了。但北京是個此處不留爺自有留爺處的地方，尤其是地產仲介，多得數不過來。第二天，馬叔就厚著臉皮去了街對面的另一家公司上班。之後，他每天都遊手好閒地站在店門外，邊抽煙邊偷偷看街對面的小葉。

那天夜裡十點，馬叔下班，在路邊等公車回家。小葉走來，羞澀地遞給他一個紅包。他接過，當著人家的面拆開了。裡面塞了一千元錢，他問這是什麼意思。

「補償你的。」小葉低著頭，羞羞地說。馬叔看了一下錶，見公車沒有來的意思，便收起紅包說：「走吧，我打車送你回去，順便……順便一起吃個飯？」兩個人就這樣在一起了。

那時我正稀裡糊塗地跟幾個朋友一起創業，我們做了家廣告公司。某天，一個客戶給了我兩張 Big Bang 在北京的演唱會門票，用來抵帳。我對這個韓國組合毫無興趣，就把票轉贈給了馬叔。

深夜兩點，演唱會結束後，馬叔忽然帶著小葉敲了我家的房門。我看著睡得迷迷糊糊的小葉，向馬叔抱怨說：「為什麼我白送了你們演唱會的門票，還得包你們看完演唱會後的住宿？」

「叫車回昌平太貴了，至少兩百。你家離得近，湊合一晚。」馬叔說。「你賺那麼多錢，一兩百都捨不得啊？」「存著買房嘛。」我不可思議地看著他，「你買得起嗎？房價現在都四萬一平方米了。」「你不懂。」他說，「我判斷啊，房價在二〇一七年會降。到時我就買得起了。」

二〇一七年的春節，我們沒回家，窩在小飯館裡跨年。電視裡一首《難忘今宵》唱完後，馬叔忽然說：「來來來，我們幾個都講講自己的新年願望吧！」小葉瞪了他一眼，說：「願望要在心裡偷偷地許，說出來就不靈了。」

「沒事沒事。」馬叔用毫不在乎的口吻說，「我們都把自己的願望講講，普天同慶，來年一起努力！」接著他先講了起來：「我的願望是在二〇一七年買間房子，跟小葉永遠在一起。」我說好吧好吧，我的願望是二〇一七年創業成功，公司不倒閉。而小葉的願望是，她想留在北京。

於是，二〇一七年，我的公司倒閉了。於是，二〇一七年，北京的房子均價漲到了四萬五每平方米，最高時均價竟然飆到了七萬一平方米，馬叔再也不可能買得起房子了。於是，二〇一七年，他跟小葉分手了。於是，二〇一七年，小葉也要離開北京了。

## 你費力，你笨拙，你走過了一段很棒的路

小葉要從北京南站走，馬叔要從北京西站坐車，他走得早，我先送他。關於北京南站和西站還有個典故。我們曾經討論北京南站和北京西站的區別，馬叔說，從北京南站出發的，肯定是往南邊去的車。我問：「那北京西站呢？」馬叔又烏鴉嘴地說：「可能是去西天吧。」

那天，我們坐在北京西站旁的飯館裡，馬叔放下大包小包的行李，忽然感歎說：「太難熬了，太難熬了。」想了一會兒，他又感慨地說，「其實，人在哪裡都一樣，該拼的一樣得拼，該在哪兒待著，最後還得回哪兒待著，就拿我說吧……」他指了指自己，「你看看，我這些年什麼也沒混出來，回去又要從頭開始。」

說著，他從包裡拿出了張《建材膠粘劑採購表》，「我決定了，回老家跟著我爹做建材生意，沒準兒我可以開個網店呢！」我沒接他的話，專心點菜。他又嘀咕起來：「到二〇一八年，我就三十一歲了，不知現在一切從頭開始……還晚不晚？」我沒回答他的話。

送走馬叔後的第二個星期，我又到北京南站送小葉。她看了我一眼，問馬叔呢。我說早走了，我剛從北京西站送他走。他們二個沒直接說分手，也沒說繼續，這種無聲的各自告別，就是在默默地為這份感情畫上了句號。

小葉看著北京的霧霾天，歎了口氣：「你知道，我們都想留在北京，但我們辦不到。就是這樣，有時候，你留得越久，越知道你留不住。」她說，「來了又去，去了又來，大家也只是萍水相逢。」她又問我：「你不走啊？」我說過兩天再走，最近忙。「不不不，」她說，「我是問，你打算什麼時候離開北京？」

回來的路上我一直在思考小葉的問題，我沒房沒車，和別人合租，拿著一份只夠糊口的薪水，操心著眼前的生計，思考著明天在哪裡。

出了捷運，我看到一位流浪歌手在路邊唱《曾經的你》：

曾夢想仗劍走天涯
看一看世界的繁華
年少的心總有些輕狂
如今你四海為家
曾讓你心疼的姑娘
如今已悄然無蹤影
愛情總讓你渴望又感到煩惱
曾讓你遍體鱗傷
Dilililidilililidada
走在勇往直前的路上

觸景生情，我竟鬼迷心竅地塞給他一百塊錢。他拿著錢，握著話筒高聲地對我喊：

「謝謝這位兄弟，新的一年你有什麼夢想，說出來就會實現！」我說：「算了吧，我有個朋友說了，新年願望講出來就不靈了。」於是我又想起馬叔，他現在是不是已經在家裡，對著一堆晦澀難懂的建材名詞，思考著該何去何從的人生？

而小葉呢？我忘記問她之後打算做什麼了，她最後以開玩笑的語氣對我說：「我打算回家找個有房有車的人直接嫁了，不折騰了。」

想到他們，我又一次鬼迷心竅，搶過流浪歌手的話筒，大喊起來：「走了就別回來了吧，我一點也不想你們。」我怔怔地望瞭望遠處看不見的星星和月亮。真的，別回來了，我一點也不想你們。

那些曾經一起漂泊的朋友們，不知你們現在過得怎麼樣，是否跟我一樣碌碌無為又樂在其中？我是個不成功的人，我有的不多，能給你們的更少。想來想去，只有如今寫在紙上的那些微小的祝福。我祝你們在遍體鱗傷之後，依然能有一往無前的勇氣。或許人生路上，我們只是兩片萍水相逢的葉子，不小心被風吹到了一起，在落葉堆裡短暫相識後，又被再次吹散到另一處角落。

或許這只是一場無意義的失敗之旅，但漂泊的人，真心付出過，在那些愛恨和傷痛裡，你曾確認自己。因此當走到岔路口，那不會只有遺憾。無論你在世界的哪個角落裡駐足、停泊、再上路，都要記得，在另一個角落裡，曾有個人陪你跌跌撞撞，陪你風雨兼程。

# 第 4 章

# 不喜歡正在走的路，就鋪一條新的

我們都是第一次過自己的人生，所以會笨拙，所以生疏，所以有點小失誤也是可以的！讓我們學著像樹木一樣順其自然，面對黑夜、風暴、飢餓、意外和挫折。

你其實知道，人生的挑戰不會是一時，而是存在每一天，你感到茫然，覺得找不到目標。試著換個角度看待目標，你不需要賺很多錢，不需要房子，不需要別人的認可，為那些目標重新賦予意義，由你來決定的意義。

即使感到害怕，即使看不清未來的方向，我們也必須找到繼續向前的力量，保持穩固和堅強，盡情感受沒有答案的人生。

# 別慣壞不領情的人，別餵飽不感恩的心

剛工作的那幾年，我過得很不好，在公司經常受欺負。當時我有個同事，比我年長一些，雖然工作經驗多，但水準很差，程式寫得極爛。我來之前，他負責整個公司資訊網站的維護；我來之後，從他手裡接過了維護的工作，而他則負責……上淘寶給丈母娘挑禮物。

時至今日我都不曉得他到底有幾個丈母娘，怎麼天天都要過生日。老闆一離開公司，他就立馬上淘寶看旗袍、絲襪、手帕……以及中老年健步鞋，購物車加了刪，刪了加，旺旺響個不停，編碼卻沒寫幾行。那時我剛到北京，借住在朋友家裡，為了不給別人添麻煩，大部分時間都睡在公司，很少回家。這位同事得知此事後，經常拜託我幫他忙。

每天一到快下班的時間，他就在QQ上給我傳幾個檔，撂下一句：「這些你幫我處理完啊，明天要測試！」然後收拾東西打卡下班。我接過他沒寫幾行卻亂糟一團的編碼，加班到深夜。一開始我也不好說什麼，反正自己閒著也是閒著，多做點也沒關係。但漸漸的他甚至一行編碼都不寫了，老闆一有需求，他就直接轉發郵件給我，並附上三個字：明天要。

某天，我一個朋友來北京玩，我和他約好下班去火車站接他。結果我剛走出公司，就被他攔了下來，「你要去哪？」他問。「我要去火車站接人。」我說。「那你接完人還回來嗎？」「不了，直接回家。」我答道，那時我在海澱上班，住在通州，從公司到我家坐捷運需要三十站，太遠了。他一聽我不回來了，就著急了：「那你還是別去了，讓他直接來公司找你吧。」

「這樣不好吧……」我有點猶豫，「我已經答應了要去接……」「我說不行就不行。」沒等我說完，他就指指座位上的電腦，兇了起來，「跟你說啊，不准去，這個案子明天就要，你今晚給我弄完，不然明天早上老闆問起來，會有麻煩。」

我傻了，「這不是你的工作嗎？」我沒好氣地說，「你自己的工作自己做，我還有事，今天沒時間幫你了。」「你不幫我做了？」他怒了，狗急跳牆，又把他丈母娘請了出來，「我丈母娘今天晚上過生日，我得去送禮。」他又說，「以前我的工作都是你幫我做的，今天為什麼不做？你要不幫忙你早說啊！早說我就自己弄了，你現在放鴿子，明天我怎麼跟老闆交代？」

## 做個好人，但別浪費時間去自證

我想起曾經聽過的一個笑話，說有一個人，每天施捨給家門口的乞丐十塊錢。後來有一天，他忽然不給了，乞丐問他為什麼，他說：「我現在結婚了，手頭不寬裕，得養老婆。」乞丐聽完大怒，朝著他腦門兒就是一巴掌，罵道：「混蛋，你竟然敢用我的錢養女人！」

我就是那個被搧了耳光的人。見話說到這份兒上了，我沒好氣地說：「幫你一次也就算了，一而再再而三地欺負人，能不能要點臉？」離開公司的時候我想，反正已經撕破臉了，這忙我以後再也不幫了，看他怎麼收場。結果，事實證明，薑還真是老的辣。第二天，我剛到公司，就迎來了老闆劈頭蓋臉的一頓臭罵。

我在鋪天蓋地而來的口水中無法回過神來：明明是他沒做事，老闆怎麼罵我呢？原來，在我來之前，他惡人先告狀，指著我之前給他寫的編碼，向老闆哭訴說：因為他之前寫的編碼都被我改壞了，導致程式邏輯不通順，新增的功能模組接不上，所以商品無法按時上線。

而這一切的罪魁禍首，就是我。「誰讓你多事，改人家的編碼呢？」老闆問。我無言以對，因為他近兩個月的工作確實都是我做的，那些編碼也都是我寫的，現在他以此來為自己開脫，我找不到一句可以辯解的話。畢竟說到底，我們二個的薪水都是老闆發的，那為什麼我要幫他，要替他做事呢？——賤啊。

你的退讓和包容給了別人蹬鼻子上臉欺負你的理由，他們會習慣了你的幫忙和付出，並堂而皇之地向你索取更多，讓你攬下本不應該攬下的工作，承擔你本不應該承擔的風險。悔之晚矣。

## 成熟的人了然於心，幼稚的人不明不白

一個畫家朋友，常年在微博畫漫畫，偶爾接點廣告。某天，有個小孩給她留言，說是她的死忠粉絲，關注她很久了，特別喜歡她的畫風。小孩聲稱自己剛進一家遊戲公司上班，老闆讓他負責一個案子，他想請朋友幫忙畫幾張宣傳畫，說自己剛上班也不容易，希望做出點成績來之類。

朋友想著幫幫年輕人，工作也不麻煩，就動了惻隱之心，利用星期六日的時間，畫了一張給他。小孩看後大喜，說老闆很喜歡，希望她再多畫幾張，最好能組套，赤橙黃

綠青藍紫各來一幅，三百六十五天每天一張。

朋友被這要求嚇到了，說：「你這工作量太大了，我愛莫能助，但你要真想要的話，可以考慮花錢訂製。」小孩一聽要錢，急了：「姐姐，我這麼崇拜你！這麼喜歡你！你怎麼能跟我要錢呢？太俗了吧？」

朋友一看不可理喻，就沒再搭理他。過了一週，再打開微博，全是小孩的留言：「我給你發了這麼多私訊，你都不回我，你還是人嗎？你大頭症了！你還記得你以前沒紅的時候我給你點的讚嗎？現在粉絲多了，你就跩了是嗎？你以前都給我畫，現在不畫了，我怎麼跟老闆交代呢？我都跟他說好了……」

朋友發覺完全沒辦法講道理啊，直接拉黑了他。又過了一陣，淘寶忽然有店鋪開始賣印有那幅畫的印花T恤。朋友大驚，忙聯繫到了廠家，幾番打聽後才明白，原來那小孩把這幅畫的版權以自己的名義賣了出去。

你喜歡我是你的事，但不該因為你喜歡我，就覺得我因此欠了你；他喜歡你是他的事，你不能因為他喜歡你，就動了善心，白白把你的工作成果給了人。

設計圈更容易遇到這些奇人。親戚朋友開了家店，找到你，說你幫我設計個商標吧。你一心軟，說行，然後問對方有什麼需求。「需求？沒啥需求，你就隨便設計一下嘛。」你真以為他會「很隨便」？做成什麼樣他都要？於是，你用了一個晚上的時間給了他三個提案，結果人家拿到後，左右不滿意，這也要改那也要變。你煩了，嫌這個事太佔用你的工作時間（又賺不到什麼錢）。你說你不做了，讓他另請高明吧。他一看你這態度，呵呵一笑，丟下一句：「看來你的水準也不過如此嘛。」你說你氣不氣？

有個兄弟創業做了個 **APP**，找到我，讓我幫忙介紹人，給這款 **APP** 拍宣傳片。我聯繫了一個之前合作過的導演朋友，那導演也老實，一聽朋友介紹，二話不說就拿著設備咔嚓咔嚓地拍了一整天。但我的兄弟連瓶水也沒買給他，還說案子緊急，催他趕緊上線，從頭到尾沒提過一句付款的事。

週五的時候，兄弟給我打電話，問我那個導演朋友什麼時候能把片子剪好，我說：「我催催，不過，那個拍攝的錢什麼時候能給他？」「給錢？這片子都沒上線給什麼錢啊！」他說，「我開公司多不容易，一睜開眼就是房租水電費的，怎麼找你們幫個忙，各個都跟我談錢！掉錢坑裡了？」

我說好，這事我瞭解了。掛了電話，我給導演朋友轉過去五千塊錢，我說哥們兒，抱歉了，你把那個片子刪了吧，他不要了。

前陣子，一個親戚竟然讓我幫他寫……悼文。親戚說他上司的老婆正在醫院搶救，眼看快沒氣兒了，所謂未雨綢繆，希望我能幫他潤色一篇文章，他好拿去吹捧上司。我說這不合適吧，我還沒給死人寫過東西呢……

「不行！」他態度堅定，「我這次能不能升遷，就靠你的這篇文章了。」沒辦法，礙於親戚關係，我只能絞盡腦汁地寫了三千字。那三千字寫得人聲淚俱下，把我自己都感動哭了。我滿意的寄了文章過去，誰知他剛收到，就告訴我：「算了算了，不要了，我們上司的老婆……又被搶救回來了。」你們真的認為別人的時間精神一文不值嗎？我就這麼閒，隨便你呼來喚去地任意使用嗎？尊重一下別人不行嗎？

## 逆來，別順受

五月的時候，我趁著小長假，和女朋友去香港轉了一圈。她的幾個所謂閨蜜得知後，紛紛讓她幫忙代購。皮包衣物化妝品，手機平板紀念冊，長長短短地列了一長串單子。

我看著購物清單，心想這些網上都有賣，自己網購不行嗎？非得我們大包小包地帶貨？我女朋友不好意思，說都是朋友，該幫得幫。於是，七天的自由行，有一大半時間花在了給她們買東西上。結果一次閨蜜聚會後，她回到家把東西往床上一扔，喪氣地說：「算了，我自己留著用吧，不給她們了。」我問怎麼了。

原來閨蜜們拿到東西後，說這個價格不對，那個款式不滿意，性價比不高，又懷疑我女朋友眼光不好買到假貨了，以次充好賺她們的錢等等，「我看她們那個態度，挑三揀四的，好像我用什麼破爛貨故意騙她們的錢一樣，就拿回來了。」說著說著，她先哭了起來。

你認為你幫了他，但他可不這麼覺得。在他眼裡，你為他付出的一切無論輕重都只是「舉手之勞」，你做的好是理所應當，做的不好是你水準不夠，賺到便宜是他眼光太好，賺不到便宜，風險得由你自己承擔。甚至，有些人會覺得，你幫他們是在為自己謀私利。俗話說無利不起早，你憑什麼白白幫他們？是啊，你說你圖什麼呢？

有一年回老家，我好不容易搶到下鋪的票。結果，半路上來一對母子，買的中鋪和上鋪的票。那女的想和我換鋪位，理由是孩子小，睡上鋪不安全。我一看，小孩已經七八歲了，爬上爬下跟小猴子似的，沒看出哪裡不方便，而我行李又多，搬來搬去的麻煩；更重要的是，我們倆到達的網站不一樣，我的路途比她長，如果跟她換了，她下車後，別人上車了，我還得再換回來。於是我拒絕了她的提議。

誰知那女的當時就不高興了，立馬對我進行道德綁架，說我品行不好，教養差，一點也不尊老愛幼。我沒理她。半個小時後，彷彿為了證明我真的是個爛人，那孩子調皮，從上鋪掉了下來。雖然被人接住，但還是哇哇亂叫。那女的一邊哄孩子，一邊指責我，說要是我早早跟她兒子換了鋪位，孩子就不會摔下來了。

見她得理不饒人，我沒辦法，只得跟他們換了鋪位。我睡到上鋪，她睡到下鋪，孩子睡到中鋪。結果，更鬧心的事情發生了。半夜，她忽然坐起來，聲稱自己丟了一千塊錢，把我從上鋪拽下來，瘋狂地翻我被褥，還把站警找來，哭著說要不是因為我跟他們換鋪位，她的錢也不會丟。她指著一臉茫然的我說：「下鋪本來就容易丟東西，早知道就不換了，都是你的錯，這個錢你得賠！」

我賠你？瘋了吧？要換鋪位的是你，摔孩子哭爹喊娘的也是你，丟錢的是你，罵人的還是你，這一切都是你自找的，和我有什麼關係？忍一時得寸進尺，退一步變本加厲，想到這裡，我肺都氣炸了。

令人哭笑不得的是，最後她又找到了那一千塊錢。原來，是她在換鋪位時把錢塞在了褲腰裡。洗清了我的不白之冤後，她一個勁兒地給我道歉。但整趟旅途，我再也沒跟她多說過一句廢話。

有些人，希望你在給別人添麻煩時，能有點自知之明，不要動不動就道德綁架。幫你是情分，不幫是本分，幫不幫都是我的自由，你沒有權利要求我，更不應該指責我。更重要的是，做人別老想著佔便宜。佔便宜的時候，也要考量一下自己能否承擔佔便宜的後果。不要便宜都讓你占了，虧還想讓別人吃。怎麼，還真覺得全世界都欠你的？

一條小蛇躺在路邊曬太陽，卻總是莫名其妙地被人踩。它很無辜，問上帝說：「為什麼所有的人都想踩我一腳？」上帝說：「你知道你有獠牙嗎？要是第一個人踩你的時候，你就上去咬他，讓他知道你不好欺負，以後就沒人敢踩你了。」

為什麼別人敢肆無忌憚地對你做壞事，是因為你曾經善良的表現，讓他覺得欺負你可以不付出任何代價，他覺得你就是個可以肆意宰割、逆來順受，且沒有脾氣的人。

我後來創業的時候，遇到一個客戶。他的網站到期，我通知他續費。他說他忙最近沒工夫弄，讓我把錢先墊上，下個月轉給我。我說不行，我也只是個代理商，得按規矩辦，這錢你得出。

「能有多少錢？還怕我欠你的不成？」他在電話裡說，「你先幫我把網站續費，讓它正常運轉，別耽誤了我的業務，錢回頭一定給你！」見他言之鑿鑿，我只好幫他續了費。又過了一個月，見他絲毫沒有主動還款的意思，我便三番五次地給他打電話。某天，終於鐵樹開花，我等到了他的回應，結果他說：「哦，我們公司現在改名了，那個網站不用了。」

「改名了？」我納悶，「上個月問你的時候，你怎麼不說？」「這個事情上個月還沒定呢，這兩天剛定下來。」「那我幫你代墊的錢呢？」「錢？」他說出了一句讓我終生難忘的話，「錢你自己認賠，我絕對不會給你。誰叫你社會經驗少呢，輕而易舉地就幫我掏錢了——你做生意，就當哥哥給你上課了。」

好，虧吃一次就夠了，我不能一錯再錯。通過他的朋友圈，我得知了他公司的新名字，也知道他正在籌畫網站。我找到他，說：「沒事，哥，上次的事就算了，你給我上了深刻的一課，就當花錢買教訓了。你不是要做新網站嗎？我們買賣不成情誼在，反正網站你肯定還得找人弄，來，讓弟弟幫你做，給你優惠。」

我以半價的優惠重新給他弄了一個網站，穩定運行了一個月後，他開始在百度上買關鍵字推廣他的網站，又印刷了一批帶有網址的宣傳單頁和海報……

我一看他開始做宣傳了，就把他的網頁聯結跳轉到了一家黃色網站上面。幾天後，百度停掉了對他網站的行銷推廣；又過了幾天，他網站的 ICP 備案也被封掉了；再過了幾天，我收到了他欠我的那筆尾款，他又補足了這次我給他做網站的差價。然後我拉黑了他。

我家狗的精神狀態不太好，一蹶不振，迷迷糊糊。我心疼，便帶牠去了醫院。不知道醫生給牠餵了什麼藥，牠開始狂吐，吐完就又活蹦亂跳起來了。醫生說，這狗啊，不知輕重，吃東西沒個數，你給牠多少，牠就往肚子裡塞多少。

所以，狗別餵太飽，人別對太好，守住你做人的底線。幫人可以，不要無止境地幫。有些虧，吃一次就夠了，不要無止境地犯錯，更不要當一個爛好人。當別人的需求讓你感到不舒服時，你要勇敢地說出：「我不。」

畢竟這個世界上，有些人還不如狗。

# 富裕中的貧乏

四歲以前我住在老家農村，環境很好，山清水秀，就是上廁所比較麻煩。小便還好，能在院子裡解決；大便比較痛苦，得跑到小一公裡外的麥地，找個壘得高高的草垛子做掩護。所以，每當朋友們叫我去麥地裡玩，我都比較抗拒。小學後，父母把我接到了城裡，一家三口租住在城中村的筒子樓裡。周圍整天都在蓋房，環境很差，塵土飛揚，院子裡外全是碎石堆。

延續了從小的壞毛病，我喜歡蹲在石堆後上廁所。有一次，因為著急不慎踩到石塊滑倒，磕傷了腿，縫了好幾針。摔跤疼哭確實很丟人，但比這更丟人的是，因為這一跤，我「噗」的一聲拉在褲子上了。

七歲時，大伯換了房子，就把他家的老屋子過戶給了我爸。也因此，我終於住進了能在屋裡上廁所的房子。那是一棟二十世紀八〇年代蓋的小板樓，屋子大概五十平方米，沒有客廳，打開門就是一條窄窄的通道，過道兩側各有一個房間。大的我爸媽住，小的我住。通道一面是牆，另一側是廚房和廁所。

依然要重點說一下廁所，那是個蹲坑，沖水時要起身拉旁邊的繩子，然後，頭頂的蓄水桶會放水沖廁所。但那個蓄水桶總是漏水，經常一拉繩子，水直接從頭澆下來，很噁心。我在這裡住了十一年，直到十八歲時，我到鄭州上大學。

十五平方米左右的房子，上下鋪，一間能住十個人。宿舍樓裡大概有十幾個房間，合計一百多人。這一百多人的盥洗拉撒，全仰仗著八個水龍頭和兩個蹲坑。僧多粥少還是其次，最要命的是，如果八個水龍頭同時工作，則兩個蹲坑的水就無法正常使用。

於是，幾乎每天早上，都有人因為使用先後順序打架。半年後，我退學了，和一個同學在宿舍後面租了個單間。那房子很小，但不知為什麼，卻放了一張巨大的三人床。

有時候，班長會帶著學生會主席來我們租的房子做客。當然，他們也不是空手來，每次都會帶點酒菜，身後還跟著一兩個漂亮姑娘。夜深了，他們會藉口夜路難走，把姑娘留宿，並把我們趕出家。於是，我只好回宿舍去睡他的床位。好在有學生會主席撐腰，也沒有人敢拿我這個「退學的壞小子」怎麼樣。

在鄭州待了一年後，我來到北京找工作，住在雙井。無良仲介為了多收房租，把房子隔出大大小小數十個小屋。我住的是一個十平方米不到的隔斷間，四面都是薄薄的三合板，沒有一堵實牆。相信合租過房子的人都有這種體會，經常能在下半夜聽到隔壁鄰居發出奇怪的聲音。

有天夜裡，我聽見隔壁情侶在吵架。

男：你要是不願意跟我過，你就滾出去！

女：滾就滾，你當老娘愛跟你擠在這破合租房裡？

男：愛找誰找誰去，隔壁就有個男的，你找他去啊！

女：那男的太矬了！我看不上！

……

沒待我還嘴反罵，忽然，從床頭的牆上莫名飛進來一個硬物。我瞪眼一看，原來，兩人吵架扔東西，把我家的牆砸穿了。於是，我只好坐在床上，透過那個大洞，看著他們。

令我吃驚的不是牆上的洞，而是他們家竟然有電視！而砸穿了牆的硬物，就是電視的遙控器。我們三個尷尬地對視了幾分鐘後，這對癡男怨女默默地去賓館開了個房睡。而我從地上撿起遙控器，透過那個洞，看了一夜電視。之後，我在北京又換了幾次住處。今年是我租住在北京的第八年。

有一次，我接到我爸的電話，他怒氣沖沖的說，他要來北京找工作，而且要去做房地產行業。我一驚，心想：「我家這麼有錢？我爸要來北京搞房地產了？是要在昌平蓋樓還是要在通州買地？難不成……我就是隱藏的富二代？」

幾番溝通後，我才弄清楚，我爸所謂的搞房地產，就是去仲介公司幫人賣房子。掛了電話後我納悶，這老頭兒都多大歲數了，還亂搞。沒幾分鐘，我媽又給我打電話解釋起來。

原來，她在老家看上一間房子，一百二十平方米，總價大概三十多萬。我爸不想買，她非要買，於是，兩人吵了起來。我爸在跟她鬧脾氣，打算離家出走。最後，我媽如願以償地買下了那個寬敞的房子，並花了大價錢裝修。這也是我們家人第一次住有暖氣的房子。搬進去的那年，我二十四歲。

年初，我的一位在BAT工作的朋友，跟他老婆一起在順義買了間四十平方米的小戶型。說不為住，只為投資。那天我們喝了很多的酒，我只記得他反反覆覆地說：「按北京房價的上漲速度，現在不買，就永遠買不起了。」

他這話讓我想起另一個女同事，她去年年底買了套二手房，過戶流程還沒走完，房價就又漲了小一百萬。有人買房為了生活，有人買房為了投資。這年頭，無論從哪個角度來看，投資房產都是穩賺不賠的買賣。但前提還是，你要買得起。

一個月前，我的高中同學因為老公出軌離婚了。在檢討她失敗婚姻史的聊天中，她反覆強調說：「我不明白，既然我們結了婚，那他為什麼不在上海買房子？」我今年二十七歲，我在北京買不起房。她前夫比我小兩歲，所以，我不知道一個二十五歲的年輕人，靠什麼在上海買房。賣血？殺人放火？還是搶銀行？

我買不起房是我無能，因為我混得不好。但總有比我混得好的人，例如我的明星朋友關熙潮。上次，跟他一塊吃飯，席間，我不能免俗地問：「你現在混得這麼好，又上電視又出書，錢也不少賺，打算什麼時候在北京買房？」

出乎我意料的是，他說他從沒想過在北京買房，他不缺錢，但也一直租房住。不買房的原因，一是房價貴到離譜，二是，他不認為他需要靠物質來給自己安全感。

「老了呢？」我問。「老了就回老家唄，我在老家有房。」他笑笑，然後反問我，

「這樣其實挺好的，你不覺得嗎？」我相信，或許等某天，關少錄一期節目的出場費多到可以隨便在北京買房子時，他會買的。但現在，我也相信，「不買房」是他的真心話。

## 買不起的房與看不見的未來

從什麼時候起，買房變成了所有人的人生終極目標。我身邊所有的人都在討論「房價什麼時候會崩盤」、「買房的最佳時機是什麼時候」，還有人問：「不買房，我的生活還能怎麼過？」更有甚者說：「如今清華北大的學生也買不起房了，連這些天之驕子都買不起，那我們為什麼還要努力呢？」

我們出生於資源最豐富、科技最先進，卻也是變化最劇烈的年代，生活舒適充裕，卻也總是徬徨、不安，疲憊地尋找光亮的世代，又豐盈又貧乏，不悲觀卻也無法樂觀。

在看完一篇名叫《80、90後的殘酷物語：房價在扼殺年輕人的未來和夢想》的爆文後，我終於忍無可忍地提出了我的疑問：為什麼買房忽然變成年輕人的未來和夢想了？

看到這裡，肯定又有人要罵我宣揚不買房的論調了。我不是高曉松，我的生活沒有詩和遠方。他說別買房，那是因為他的存款給了他隨時買房的底氣。可這世界上絕大多數人，都沒有高曉松分分鐘收入幾百萬的能力。

我曾經看過一篇文章，大意是：年輕人如果能買房，一定要努力買。買不了大房子，那就買小房子；買不了城中心，那就買郊區。能買得起的房子一定不會讓你滿意，但是一不留神就更買不起了。

我發誓，我完全同意上述的每一個字。有人需要房產證給自己安全感，有人出門開車才覺得自在，有人要用七位元數的銀行存款保障自己的未來，也有人需要學區房許諾孩子一個美好的明天。

每個人都有一萬個為什麼要買房的理由。但同樣，每個人也能說出一萬個不買房的藉口。而每個要買房的人都有一萬個論點去反駁那些不買房的人，例如住在自己的房子裡，不用擔心被房東趕出去，可以隨意地裝修，能夠活得有尊嚴。

可是，作為一個買不起房的外地人，在輾轉租房的日子裡，我從來沒有考慮過「租房住到底有沒有尊嚴」這檔子事。因為我知道，在如今這個年紀，如果不是真正強大和獨立，就算有了房子，有因為握著房產證而獲得的安全感和虛無的自尊，還是會在職場和社會上被人踩在腳下。

就算現在有了房子，我依然要去上班工作，依然要努力生活。我要面對的生活煩惱，以及目前完全搞不定的人生難題，並不會因為一套房子而發生質的改變。

關熙潮有夢想，他想成為一個偉大的主持人，為了這個目標，他住在出租房裡心無旁騖地工作生活。或許有天，他終於成了知名的主持人，分分鐘賺幾百萬，那麼他也可以隨隨便便地在北京的任何一環買他中意的房子。

當然，我知道會有人辯解說：「我們沒有那麼遠大的抱負，我們只想住在自己的家裡過安穩的小生活。」可是，這個世界是分階級的，你根本不知道它有多殘酷，尤其是北上廣這種資源優質的城市。如果你沒有遠大抱負和偉大夢想，只想朝九晚五地上班混日子，還想隨隨便便地就能買得起房，輕輕鬆鬆的開得起車，並享受北京的各種優質資源……我就替北京問一句：憑什麼？

在高不可及的房價面前，或許努力了，到最後也依然買不起北京的房子。可是，如果我們不努力，就更買不起了，不是嗎？說句會被你們看不起的話：「我清楚我現在買不起房，但我並不覺得那有什麼遺憾。」

我想，與其糾結高不可攀的房價，不如停下來好好想想，自己真正想要的是什麼，自己真正缺的又是什麼。或許那些，比現在要不要買房，以及什麼時候買得起房，更重要。最後，分享蔣峰在《白色流淌一片》中寫到的那句話：我二十二歲那年過得不好，但我知道，我不會一生都過得都不好。

# 失控的焦慮世代

「你們焦慮嗎？」午後的辦公室，忽然有人拋出這麼一個問題，一石激起千層浪，昏昏沉沉的辦公室裡，頓時炸開了鍋。

提問的人是公司的行政，她前陣子因為急性胃炎住院二週，剛剛回來上班。「我最近焦慮到不行，煩死了。」她說，「雖然我薪水不高，但也夠花。而且工作不忙，準時上下班，平時看看電視劇、逛逛商場，生活挺安逸的。但這次住院後，我徹底慌了，躺在病床上，看著點滴瓶，感覺是錢在嘩嘩流啊。」

「那你跟老闆提提加薪的事啊。」另一個同事說。「請這麼長時間的病假，不扣我薪水就已經謝天謝地了，哪還指望加薪？」她有點失落，「像我們這種做行政工作的，沒什麼門檻，隨便誰都能做。在我們公司，我屬於多一個不多，少一個不少的那種……以前沒發現，現在危機感特別強，時刻擔心被老闆辭退。」

「你怕被辭退？我還想走呢……」同事小趙接著說，「我一直計劃要不要回湖南老家創業去。你們不知道，我今年春節回家過年，發現家裡的同學朋友聊的都是換房換車的事，有人還問我在北京買了多大的房。買房？想什麼呢！我都不好意思說我現在還合租。唉，我就納悶了，家裡的錢真就那麼好賺嗎？要是早知道家裡那麼好賺錢，我就不來北京了。」

「不好賺的。」剛入職的老李說，「要是好賺我也不會從家裡過來了。」他是年初剛到的北京，之前一直在吉林老家的師範學校當美術老師，做了七、八年，快三十歲了，忽然決定辭職北漂。到北京後，他在某個職業技能學校學 C4D，邊學習邊在某個設計網站張貼他做的圖標作業，誰知被我們的設計總監相中。總監覺得這人天賦異稟，就直接破格錄取他了。

老李最常說的話就是：「早知道這樣，我當年畢業就應該直接來北京，說不定現在也混上一個總監當當了。」「在我們吉林老家，做得好月薪也就三四千，能有什麼前途？要真有前途我也不來了。」老李說，「你們年輕人著急，我可比你們更著急，畢竟我都三十了。同齡人都老婆孩子熱炕頭了，我現在還操心是租昌平還是租大興的房子呢。」「大興？也太遠了吧。」「可是比昌平便宜五百塊錢啊！」老李攤攤手，「能省一毛是一毛啊！」

由此看來，似乎大家焦慮的源泉都是沒錢。這讓我想起一句古話：錢雖然不是萬能的，但生活中99%的問題，都可以用錢來解決。同理，生活中99%的問題，也都是由錢引起的。

那麼，沒錢的人焦慮，有錢的人應該會好一些吧？「好什麼。」設計總監浩哥說話了，「別總覺得我混得好啊！是，我是在北京有房有車，可是要還貸款啊。我老婆還天天碎念著想換個學區房呢，我哪來的錢買！物質追求沒有盡頭，你有了十萬，會想要一百萬，有一百萬，會想要一千萬。都說知足常樂，你沒到那一步，不知道那一步的苦惱。」

我了解浩哥的苦惱，有些人一個月兩千塊錢夠生活，有人一個月一百萬都不夠花，畢竟花花世界裡總有一些事情能激起你花錢的欲望。

「你要知足了！」技術總監王哥說，「說到賺錢，你們做設計的，時不時還能在外面接個外案，像我這種中老年程式師去哪兒找這種好事？科技進步這麼快，每天都要學新技術，感覺隨時都會被社會淘汰。你說加班吧，以前整夜整夜的寫編碼一點事沒有，現在，我一到晚上十點就扛不住了……」

「喂喂喂，你們再閒聊下去，我們公司明天就得倒閉了。」沒等他抱怨完，老闆忽然推門進來，「一想到馬上就要給你們發薪水了，我才是最焦慮的人啊！」他心疼地拍拍大腿，「去年我跟投資人簽了對賭協議，如果今年我們的業績做不上去，到年底，公司就變成別人家的了。到時候，我這把老骨頭也要跟你們一樣給人打工了。」

自從創業失敗，我兜兜轉轉，最後來到這家公司上班。老闆是我以前的朋友，快五十歲了，在北京有三處房產，孩子從小就在國外留學。他之前在上市公司做高管，前年融資了一筆錢，創業做了現在這家小公司。他是我目前認識的人裡面最成功的。

揉了揉腿，老闆坐在沙發上點了根煙，長歎一口氣，「唉，這兒子也不爭氣，每天就知道跟我要錢，老婆也跟我鬧離婚，真是屋漏偏逢連夜雨啊。」連他也焦慮，我忽然舒服了不少。

下了班，我約了幾個朋友吃飯，又聊起這個話題。「繞了一個大圈子後，發覺自己又和人家回到了一條起跑線上。」我跟朋友們抱怨說。幾年前，我創業拿到了融資，當時爽的不得了，看誰都覺得低自己一等。那時候我以為我的人生走的是快車道，可等到錢燒得差不多時，再回過頭來看，其實自己是在一條彎路上越走越遠。

「那是你自己沒本事。」朋友笑道，「也有混得好的。當時那些不如你的人，人家積累了幾年，現在也當小老闆了。」他指指我旁邊的小蔣，「你看人家，現在做自媒體，坐擁幾十萬粉絲，一天只寫幾千個字，錢可比你賺的多。」

「賺錢哪有那麼容易。」小蔣忙解釋道，「我的公眾號去年就有二十萬粉絲了，當時我以為今年會過百萬，誰知道一直止步不前，已經被好幾個人超越了。」他拿出手機，打開一個自媒體排行榜，「我要是再做不好，就跌出榜單了。」他皺了皺眉頭，「真是奇怪了，寫的都是相同的內容，追的是一樣的話題，為什麼別人的閱讀量就那麼高呢？真焦慮。」

朋友聽完，露出「得知你混的也不好，我就放心了」的表情，但轉念一想，心裡又不平衡了，「你們至少還有個事情可以奮鬥，我呢，我現在就沒個目標，生活沒盼望，不知道應該做什麼。」

他又指指我，「你寫了本書，叫《這世界正在遺忘不改變的人》是吧，我也怕被世界遺忘，但能怎麼改變呢？我不知道。反正雞湯故事裡的那些小人物跟我一樣，一直默默無聞的；但忽然有一天，就發生了個什麼事，他勵志改變，脫胎換骨，最終成了一個厲害的人。可是那個改變的契機在哪兒呢？」

「別說契機了，」另一個朋友抱怨道，「我連我生活的目標在哪兒都不知道。」又迎來一陣沉默，是啊，誰也說不好，那個目標在哪兒呢？似乎每個年輕人都這樣，不在困惑中成長，就在困惑中滅亡。

「我有目標啊。」剛工作不久的小姚開口了。她二十歲出頭，正在某家遊戲公司做測試專員，還在試用期，「我現在只有一個念頭，轉正職。轉正之後，我想做產品經理。」她得意地說，「你們看，我這樣一個蘿蔔一個坑的生活，算是有盼望吧！」「你早晚也會困惑的。」朋友總結道。

這場討論無疾而終，焦慮症像傳染病一樣蔓延。到家後，我又打電話問了我的爸媽。我媽一聽，忙說：「焦慮啊，你都快三十歲了還不結婚，我一想到這些就焦慮得連覺都睡不好……」

人心並不如常，但永遠對自己誠實，你會找到一個最適合的答案。我想到自己剛就業時的模樣，那時收入不高，對生活沒太大要求，只想著先在大城市站住腳。但是慢慢地，等有了穩定的工作和收入後，就開始操心什麼時候能加薪、什麼時候能談得起戀愛、什麼時候能買房、什麼時候能落戶，又或者什麼時候要離開北京、滾回老家……

我想得越多就越迷茫，每天活在焦慮中，不知何去何從。為了緩解我的焦慮，我開始瘋狂地買成功學書籍和勵志雞湯，渴望在書中得到答案。但雞湯文給我的鼓勵和成功學給我畫的宏偉藍圖只能維持三分鐘熱度，熱度衰減之後，迷茫和焦躁就如同月經一樣，反反覆覆，周而復始。

直到我遇到一個人，他問我：「假如，你一生下來就知道你這一輩子會如何度過，那這樣的人生是否還能讓你充滿熱情？」這個問題似乎給了我答案。後來，每當我迷茫焦慮，我都問自己這個問題：假如當初知道創業會失敗，那麼我還會走這條路嗎？假如知道我的書賣得不好，那麼我還會寫嗎？假如知道我的生活一直就是這樣碌碌無為、收入寥寥，那我還要繼續這樣的人生嗎？

答案似乎還是：會。為什麼？因為我知道上面那個假設不存在。我不可能預知每個明天會發生什麼。人生的每個階段都是一次大冒險，從童年時耐著性子一筆一畫地練字的煎熬，到青春期瘋狂做題及對中高考的恐懼，成年後初入社會物質欲望得不到滿足的無奈，再到中年養家糊口換房換車的壓力，甚至晚年半隻腳都進棺材了還有一家老小操不完的心……

## 別去抱怨生活的苦，那是去看世界的路

誰也躲不過人生的挑戰，你我都是超級瑪麗，每天醒來都會面臨新的關卡。你不知道頭頂的哪塊磚頭會變成蘑菇，吃了就能發子彈；也不知道什麼時候面前會冒出一隻邪惡烏龜，碰一下就能廢掉你的半條命。

在闖關的過程中，我們會遭遇挫折，也需要面對失敗，要面臨的問題只增不減，正是這種可望而不可即的未來讓人迷茫和焦慮——我忽然找到了答案。

在全民焦慮的時代中，每個人都好像是黑夜裡踽踽獨行的流浪者，誰也找不到那盞能照亮前程的燈。因為迷茫和焦慮是不能避免的，誰的人生都不可能一帆風順，每個人都有一個爛攤子要收拾，可是這又能怎樣呢？既然這個問題沒有答案，那我們就欣然接受。

別去抱怨生活的苦，那是我們去看世界的路。人生沒有固定的公式，也沒有絕對能獲得幸福的選擇。至於適當的路，正確的路和唯一的路，這樣的路並不存在。每個人本來就從不同的地方出發，走在不同的山徑上，看見不一樣的風景。

第 5 章

# 因為失敗，才知道努力的滋味，

在不斷地轉動中保持安穩沉靜，因為真正逐漸枯竭的不是外在的環境，而是內心。我們的故事尚未結束。還有時間，改變，然後成長，還有時間去感受驚喜，你和我，我們是進行中的故事。

我們總是懼怕著失敗，正是因為擔心那可能將我們的生活搞砸，所以必須勉力讓自己追求。可是好壞、悲喜與順逆，這些本都是生命的一部分，當正面與快樂存在，也同時表示負面和挫折是無法避免的。如果說境遇本身有什麼意義，那或許便是，相信生命的每一件事都，以自己的方式在教會我們什麼。

# 現實與夢想拉扯的張力

「喂，你知道這世上最尷尬的事是什麼嗎？」一個在民政局上班的朋友忽然問。我想了想說，無非就是「第一次去丈母娘家做客，上廁所時沒有紙，馬桶又堵住了，想要處理卻濺了自己一手，洗手時又發現停水了。」這樣的糗事吧。她說不，最尷尬的事情是給自己的同學在離婚證上蓋章。

雙十一是她的高中同學，長得挺帥，功課也好，就是家裡的條件比較差。高二的時候，他參加了一個數學比賽，免費得了兩件短袖文化衫，一深一白，上面都寫著數字十一。於是，整個高中的夏天，他一直換著穿那兩件衣服。

久而久之，同學們就都叫他雙十一了。

雙十一高考時沒發揮好，沒能考出河南省，只好到鄭州上大學，並在那裡認識了他的女朋友。女孩是鄭州本地人，很漂亮，陽光開朗，家裡有套三層樓的舊房子，後來趕上了拆遷。趕上拆遷的意思是說，女孩家裡很有錢。

是女孩主動追求他，但雙十一忸怩著堅決不從。都說女追男隔層紗，何況追求者還是一個家裡有錢又千柔百媚的女孩子。雙十一這層紗仿佛是鋼筋水泥築成的，無論女孩怎樣努力，用盡百般手段，都難有一絲突破。

## 奮鬥的姿態

因為雙十一的志向並不在鄭州，他上大學的學費是村裡集資贊助的。他是窮山溝裡飛出來的金鳳凰，這鳳凰要展翅飛到更高的天空。他清楚自己身上寄託著多少人的希望，他不能止步於鄭州。

在雙十一高中時參加的那個數學比賽中，有一個天津高校的老師，當時很器重他。

他高中時一直換著穿的那兩件衣服，就是活動結束後，那位老師贈予他的。那衣服上，印著一片湛藍的海，旁邊是天津最好的大學。他想考研，考去那所學校，去更大的地方，更好的城市，搏一個更有把握的未來。而在這條拼搏之路上，任何不必要的感情，都會成為他前進的阻礙。

女孩請雙十一看了三次電影，雙十一放了她三次鴿子。這讓同學們都倍感惋惜，他們常常叮囑雙十一：學業和戀愛不衝突，畢竟愛江山也要愛美人，而你也是人，只要是人，就該有七情六欲。

女孩迷戀雙十一身上的踏實和上進，對於她這種在優渥條件下長大的人，雙十一身上散發出來的傲慢和偏見讓她目眩神迷。他越對她不理不睬，她越難以自拔。

大二下學期，京津冀三地的名校組織了一次轟動全國的夏令營。這個活動主要針對有考取各高校研究生的意向的外省學生，輔導員說，如果誰能在夏令營結課時拿到優秀學員的結課證書，學校會幫他爭取保研的名額。雙十一坐在教室裡，看著宣傳手冊上往屆活動的照片，腦海裡又浮現出那片湛藍的海。

保研、夏令營、集體活動、那所學校、大城市、湛藍的海……這些都讓他神往。他頭一次覺得自己離夢想如此之近。夏令營的報名費加食宿、路費約兩千塊錢，而雙十一每個月的生活費是三百塊錢，現在，他手裡有一千五，學校貧困生補助五百，東拼西湊下來，剛好夠這次夏令營的費用。

但如果把這些錢全部交上去，那從天津回來之後半年內，他都沒錢吃飯了。

他在路邊看到一家新開業的超市正在找工讀生，幫忙發傳單賣優酪乳，每天給一百塊錢，做滿一週周並把優酪乳賣完可得一千塊錢。

一千塊可不是個小數目，有了這一千塊錢，他後半年的校園生活就有保障了。他的算盤打得太好，就在夏令營報名截止的最後一天早上，他興沖沖地去結帳，結果超市告知他客戶還沒有結款，所以公司暫時不能給他們發錢，要他過幾天再來。

不結款也就算了，之前賣優酪乳時因工作需要，他還自費掏了一百塊錢買了件工作服。現在，他不但沒有賺到錢，還搭進去一百。一百塊錢難倒了英雄漢，這下連去參加夏令營的報名費都不夠了。

眼看著報名馬上就要截止了，雙十一大罵奸商，要求他們退款。超市開業瑣事眾多，繁忙的工作人員只當他是個為了一百塊錢而糾纏不休的神經病，將他晾在一旁任由其胡鬧。

見沒人搭理自己，雙十一越想越生氣，越氣越著急。他雖然臉皮薄，但兔子急了還咬人呢，於是，盛怒之下，他忽然舉起了工作人員手中那台用來記帳的筆記型電腦，狠狠地摔到了地上。

因為在公共場合鬧事，雙十一被派出所以尋釁滋事的名義關了一天一夜。第二天，女孩替他賠償了店家一台新電腦後，把雙十一從派出所裡領了回來。因為這起事故，雙十一錯過了那次夏令營，也錯失了一個可以保研的名額。

聽說，學校還把他的這次尋釁滋事寫進了檔案裡。如果此事為真，那麼便意味著他這隻金鳳凰永遠地失去了展翅高飛的機會。他離那片海越來越遠了。

## 人生不是只有順境，才叫做有意義

之後雙十一不再拒絕女孩的邀請。他接受她的安排，陪她去電影院、酒吧、咖啡館……欣然地陪她去一切城裡人該去的地方。別擔心，這不是一個陽光男孩逐漸沉淪，最終變成廢柴的爛俗故事，女孩之所以這樣做，只是希望雙十一能夠感受到這個城市的美好。她想讓他留下來，留在鄭州，留在她的家。

「別去追求那些遙不可及的夢了吧，和我一起留在這裡，過普通生活不也挺好嗎？」她不介意他的出身，她的爸爸媽媽也喜歡雙十一身上難得的品格。這樣一個優秀又踏實的農村男孩，如果畢業後願意留在鄭州，入贅到他們家，定會和女兒成為一對幸福的眷侶。於是，畢業後，雙十一順理成章地和女孩結婚了。

結婚的時候，雙十一老家的親戚朋友們都來了。女孩看著這浩浩蕩蕩的一大家子人，才發現之前預定的旅館不夠住。男方家人倒也體諒，說「你們結婚事情多，不用你們安排，我們想辦法」，自己找了去處。

女孩沒想到他們找的所謂的去處，竟然是婚禮飯店的地下室。結婚當天，雙十一的親戚和老鄉們從地下室裡魚貫而出，湧進熱鬧的婚禮大廳，這讓女孩和她的家人倍感尷尬，而雙十一的父親卻說：「沒事，孩子結婚，你們體面一點就行了，我們做老輩的，節省一點。」

所有的問題都是從「體面」和「節省」開始的。婚後，雙十一和女孩用禮金錢開了間小店。店面裝修的時候，女孩希望找一家有聲譽的公司來做，而雙十一延續一貫節省的風格，在網上找了一支野雞裝修隊。雖然省錢，但這支東拼西湊的工班顯然沒法保證品質，交工後，店裡接二連三地出現問題。漏水透風不說，某天晚上，竟然因為電線品質不過關引發了火災，燒毀了店裡一半的庫存。

「其實，小公司不一定就做不好，經濟實惠的也有，只是沒找到合適的人吧？」女孩試圖去理解雙十一，「畢竟誰做生意，都不可能是一帆風順的。」可這不順的不只是生意，還有她的家庭。

逢年過節，他們鄭州的新家都會變成鄉親們的招待所，村裡的七大姑八大姨只要來鄭州辦事，都要去她的家裡看看、坐坐，再睡上幾晚，即便女孩已經提前給他們訂好了酒店。

畢竟雙十一上大學的學費是舉全村之力才交上的，沒有那些鄉親們，就沒有他如今在鄭州的家，雙十一常對女孩說：「這份恩要還，情要報，我不能做一個沒良心的人。」

於是，有潔癖的女孩只得小心翼翼地伺候雙十一的那些親戚們，即便他們從不刷牙，隨地吐痰，任意進出她的臥室，還不換鞋。更讓她煎熬的事情還在後面。

她懷孕的時候，雙十一的母親也來了，說要伺候女孩坐月子。但畢竟是雙十一的媽，不是他們家雇的保姆。保姆可以隨意使喚，工作做得不好，還能隨意批評教育，但媽媽不行。

談戀愛是兩個人的事情，一旦結了婚，就演變成兩個家庭的事情了。眼下，這兩個家庭的生活習慣截然不同，例如，雙十一的母親總是喜歡把抹布混用，有時候用來刷碗，有時候用來抹桌子，有時候，還用來擦馬桶蓋。

女孩堅持剩下的飯菜要丟掉，雙十一的媽媽總是留著下次熱一熱吃，但在還沒到下次熱一熱的時候，新產生的剩飯菜就堆滿了冰箱。某天，女孩在冰箱裡取優酪乳時，無意間拽出來一個袋子，裡面竟是半個月前雙十一媽媽從飯店裡打包回來的剩菜，已經徹底餿掉了。拿出來時，黃綠色的餿水灑了一地。

女孩看著一地的穢物，懷孕的妊娠反應使她噁心地吐了出來。她打開手機，看到有個家政 APP 在推廣保潔服務，就叫了一個上門服務。她要把家裡打掃得乾乾淨淨，並把那些再也用不著的破爛通通丟掉。

保潔公司的人剛打掃一半，雙十一的媽媽就買菜回來了。她看到屋裡穿著清潔服的忙碌人群，以為女孩嫌棄自己沒有把這個家打掃乾淨，便說：「家裡有我還要什麼保潔啊，你們年輕人就是浪費錢，一點都不知道節省。」她邊嘟囔邊問保潔費多少，女孩說：「費用我用手機支付過了。」雙十一的媽媽搞不懂手機怎麼也能給別人轉錢，不管三七二十一，嚷嚷著要保潔員退款。

保潔員說錢是轉到公司帳戶的，自己只是提供服務，沒辦法現場退錢。雙十一的媽媽不關心流程，只心疼錢，跟他們糾纏了起來。兩方的嗓門兒越來越大，惹得樓上樓下的鄰居們都圍過來看熱鬧。

女孩的臉皮本來就薄，此刻看著門口拉扯不清的人群，她異常難堪。她挺著肚子嘗試把母親拉回家中，但混亂中，不知誰推了她一下。她腦袋一蒙，便從三樓的臺階上滾了下去。天旋地轉中，她才意識到，這兩個家庭與生俱來的矛盾，真的是難以調節的。

## 在風雨前蹣跚，在傷痛後成長

女孩流產之後，雙十一的媽媽回到了農村老家。人雖然走了，那個沒能夠生下來的孩子，卻成了橫亙在這對年輕夫婦之間的一堵巨大的牆。他們婚後的第二年，雙十一想讓女孩和他一起回家過年。這是矛盾最終的爆發點。

女孩之前去過雙十一的老家，幾間水泥灰牆的窯洞，沒有暖氣，沒有熱水，連手機信號也斷斷續續。但畢竟春節回家是習俗，第一年結婚是在鄭州過的，按理說應該過去。她想，忍耐個幾天就好了。農村的冬天沒有什麼事可以做，天氣太冷，她也不想出去溜達，鄉親們的口音太重，自己又聽不太懂，她只好每天裹著被子用平板追劇。

大年初一的早上，女孩還在睡覺，雙十一忽然拉她起床，說：「家裡有親戚來了，見一見，嬸嬸讓你順便做幾道菜。」女孩不太會做飯，曾經心血來潮地照著網上的食譜做過一些，但都是可樂雞翅這類的洋菜，村裡人要吃的紅燒肉、地三鮮，她決然搞不定。

「不會？」嬸嬸子說，「那就洗碗、洗菜吧。」水太冷了，她只洗了兩個碗，手就被凍得通紅。她邊洗，邊想著年後要給家裡裝一台洗碗機，再裝個熱水器。想著想著，她忽然就有點頭暈，因為流產，身體比較虛弱，站久了就有點低血糖，於是她一個沒拿穩，便把碗摔到了地上，碎得稀爛。

沒待她想出碎碎平安這類的詞彙來緩解尷尬，人們就七嘴八舌地指責起來。大年初一親戚串門本就缺少可討論的話題，這個碎碗正好滿足了他們，鄉親們就此展開了熱烈的討論。女孩感覺她周圍的空氣都隨著此起彼伏的討論聲燥熱起來了。

雙十一沒有幫她解釋，只是背過身子站在一旁，邊看電視，邊聽家裡人數落她，無動於衷。雖然大多聽不懂，但還是有一句刺進了她的耳朵：「這城裡的女娃就是嬌生慣養，生不出孩子也就算了，怎麼連個碗都不會洗？我就說不能娶，真沒用！」

女孩不明白女人為什麼一定要生孩子，何況那次流產也不是她的責任。俗話說窮養兒富養女，從小到大她的父母就沒讓她吃過什麼苦。她確實不會做家務，不喜歡做飯，更不喜歡洗碗，但她也有自己熱愛的事業，養花、寫作、繪畫……可是，這些她能做得很好的事情，在這個偏遠山區的群眾看來，都是閒事。他們關心的，就是一個女人什麼時候生孩子，生一個還是生兩個，生男孩還是生女孩。

倘若生不出孩子，又不會做飯洗碗，那這樣的女人，還娶回來幹嘛呢？「不就是個碗嘛，我花點錢賠給你們不行嗎？」終於，女孩最後的一點耐心也沒有了，她拿起灶臺上的另一隻碗，狠狠地摔到了地上，「這個破村子我真是徹底待夠了！」這第二個摔碎的碗終止了這場大年初一的批鬥會，隨之而來的，是一個巨大的巴掌。

窯洞裡靜得要命，誰也沒敢再多吭一聲。雙十一久久地看著他的手，不清楚自己剛剛做了什麼。這一巴掌揮出後他就後悔了，它打在女孩的臉上，也把兩個人幾年的感情打得煙消雲散。

「唉，你看，婚姻真的是人的第二次投胎。」朋友說，「我全程都沒敢抬頭，哪能想到以前看著和和美美的兩個人，如今會落到這樣的下場。結婚不到兩年就離了，幸好沒生孩子，不然更麻煩。」女孩和雙十一從農村回來後，等到年初八民政局開門，便直接去辦了離婚手續。當時朋友剛上班，還沒從假期症候群中解脫出來。她正趴在電腦前刷著微博發呆，一抬頭，看到兩個熟悉的人，驚得一句話都說不出來了。

全程無聲地辦完手續後，女孩忽然說：「房子過戶給你吧，不然，你往後在鄭州也沒個落腳的地方。」「我不要。」雙十一說，「那個店你也留著吧，我不在鄭州待了。」

說完，他最後久久地看了她一眼，彷彿這一眼之後，他就要將她永遠地忘掉。雙十一拿著離婚證離開櫃台，沒走兩步，又折返回來，「這個紅色的本子……」他走近櫃台，指了指他之前的結婚證，對朋友說，「能給我嗎？我留著做個紀念。」

朋友拿出來遞給他，指了指其中一頁，「這裡，蓋了一個聲明作廢的章，本子已經沒用了，你要的話就拿走吧。」

走出民政局，雙十一目送女孩駕車離開，然後坐上了去往鄭州火車站的公車。他決定離開，一切從頭開始。他選擇淨身出戶，生意也不要了，房子和車也不要了，回憶也不要了，過去發生的一切都不要了，連那段佔據了生命四分之一時間的感情也不要了。

公車緩緩地經過他的大學，經過他曾經砸爛電腦的超市，經過那個在他檔案中畫上污點的派出所，經過和她一起去過的電影院、坐過的咖啡店、看過的博物館、逛過的書店和商場，經過他們曾經的家，也經過那個來過又走掉的小小生命。

他握著那本已經聲明作廢的結婚證，和另一本剛剛生效的離婚證，想到他們相愛的那一天，他從派出所出來，她站在門口，在陽光下露出燦爛的微笑，那笑容可以包容他的一切任性和衝動。

他想到他們結婚那天，親友們從地下室裡蹣跚而出的窘迫身影，也想到了她挺著肚子從樓梯上滾下去的瞬間，又想到大年初一那鬼迷心竅的一巴掌，他想到他們曾經有過的幸福，也想到了那些讓他遺憾悔恨的時刻。

他想到那些有過的，失去的，珍惜的，浪費的，努力的，懈怠的，追逐的，逃避的，來過的，離開的，有聲的，無言的，撿起的，丟棄的，溫暖的，寒冷的，暴力的，和平的，樂觀的，悲觀的，長久的，短暫的，正確的，錯誤的，愛過的，恨過的……這一切都曾是生命的一部分，是他的生存，死亡，和復活。在去鄭州火車站的路上，他悵然若失。他終於要去看那片海了。

# 被心眼絆倒，在誘惑間迷走

老周在上海出差，收到了小雨的微信，她寫：「周哥，我看到你朋友圈的動態了，要不要出來坐坐？」老周想了想，說：「不用了，我這兩天忙，下次吧。」小雨說：「沒關係，你考慮考慮，想好了叫我，我隨時有空。」末了，她補充道：「他不在。」

老周跟小雨是在一次活動上認識的，那是某個房地產企業進軍互聯網的新品發表會，老周作為媒體代表參加，而小雨則是主辦方的公關，負責跟他對接後續報導事宜。

這種活動，車馬費自然少不了。小雨職業地微笑彎腰，雙手遞上紅包。老周拿到後，如往常一樣地捏了捏，「挺厚的，這幫生意人就是有錢。」他心想。小雨好像讀到了老周的內心獨白，低聲在他耳邊說：「有兩千，您這邊是按照電視台的標準給的。」

老周就職於一家網路媒體公司，雖說稍有名氣，可遠達不到電視台的標準，但他清楚個中緣由：這兩年，他寫過很多文章，接二連三地抨擊某房地產公司利用對周邊地區的資源壟斷和資訊不對稱，炒高房價的事。那些文章在網上很火，直接對某公司的股價和口碑造成了嚴重影響。

而老周經常報導醜聞的那家公司，跟今天這家公司，存在直接競爭關係。雖然老周對此心知肚明，但他仍舊裝傻。事後，他以問詢原因為由加了小雨的微信，因為他始終忘不掉小雨貼在自己耳邊時撩人的體香。

老周是單身，但這不影響他成為情場老手，他唯一公開承認的女朋友如今成了網紅。他們在一起的時候，那女孩還只是個剛畢業的很傻很天真的小女孩，她是老周的實習生，老周出門採訪時總帶著她，倆人配合得不錯。那時老周也是個純情小男孩，發展了半年之後才在一起。

那女孩能力很強，跟著老周做了不到一年，就由一個實習生轉正為企劃編輯，又從編輯轉成了編採記者。老周每每提及此事臉上都洋溢著幸福，這讓我更加堅信那女孩的能力一定非常強。

事實證明，女性在媒體圈確實比男性更有優勢，尤其那種經常跟人親密無間又能力很強的女性。到後來，有些連老周都得攀關係才能找到的資源和人脈，都會被女孩輕鬆拿下。

沒多久，女孩就到了她所謂的職場天花板。她說老周所在的小小網媒已經容不下她了，她期許一個更大的發展空間。於是向公司提了離職，又跟老周分了手。老周不依不饒，癡漢一樣地死纏爛打，逼得女孩只好偷偷地搬了家，此後杳無音訊，消失在茫茫人海。

又過了很久，網上忽然冒出一個蛇精臉的網紅。我們都看著眼熟，而老周花了很長時間才認出來，那就是他消失了的能力很強的前女友。那女孩臉上打滿了玻尿酸，濃妝豔抹，尖臉白膚，眼大唇紅，像個妖怪，全無以前的清純模樣。

原來，她因一次採訪認識了某位投資人。倆人從相識到相交，花了不到一個月的時間。後來那位大佬砸了點錢包裝她，使她從一個網媒記者搖身一變成了平時拍拍私房照、客串客串沒人看的微電影、偶爾接些三四線商演的網紅，半隻腳已經踏進了娛樂圈。

再後來，那女孩的不雅視頻被放到了網上，傳聞那視頻裡的男主角就是某地產大佬的小公子。這也是老周現在如此熱衷於寫文章，黑某家房地產公司的原因。

## 挑動心弦的角力

小雨表現得很主動，在微信裡對老周噓寒問暖。這在他的意料之中，畢竟人家公司給了這麼高的車馬費，一定對他的稿子抱有巨大期望。可這讓他很難做，捧得太高難免帶有明顯的水分，讀者一眼就能看穿是商業文；捧得不高又怕甲方不認帳。

老周花了幾個晚上的時間潤色稿子，成稿發布後，反應特別好。尺度拿捏得極精準，欲揚先抑地吹捧了這家公司新產品的劃時代意義，還煞有介事地把國家房地產政策的弊端點了出來，文章顯得極有深度，瞬間火遍全網。

網友們一邊跟風諷刺房地產政策的不合理，一邊感歎這家公司的良心，對他們產生了無限的好感，紛紛下載使用他們的新產品。寫得這麼好，點擊率這麼高，想必他們的用戶增長也特別快。老周想，看來下次再遇到這家公司可以讓他們加點錢了。

果不其然，稿子發出幾天後，餘溫尚未冷卻，小雨就主動聯繫了老周，要了他的地址，寄去一個快遞。他拆開快遞，裡面又塞了個紅包。五千，老周捏出來數數。打開一看，果不其然，分毫不差。

老周覺得這樣不合適，出來混，得講規矩，要禮尚往來。於是老周用微信給小雨轉了兩千塊錢，轉帳的理由是勞務費。過了會兒，他又覺得給少了，於是又轉了一千。

很快小雨就確認收款了，她很識趣地說：「謝謝周哥，這多不好意思啊，要不然我請您吃個飯吧？」老周順水推舟地說：「好啊，不過哪能讓美女請客呢，我做東。」

於是他找了國貿最好的飯店。那頓飯吃得很愉快，小雨被他準備的段子逗得哈哈大笑。談話間老周得知，小雨是南昌人，剛畢業沒兩年，現在在上海工作，最近因為這個專案被借調到北京，住在京郊昌平。

倆人談笑風生地吃完飯時已經快十一點了，老周的車今天限號，只好叫車送她。但是她執意讓老周先回家，因為她住得遠。計程車到老周家時，他說要不去我家坐坐，小雨堅持說太晚了，改日吧。改日吧，老周記住了「改日」，只能說好。

幾天後，小雨公司開慶功宴，她熱情地邀請老周去。活動在三里屯的某酒吧舉辦，那地方燈紅酒綠，嘈雜震耳，空氣中彌漫著酒精的曖昧味道。酒過三巡，人散得七七八八，老周也顧不上格調不格調了，拉著小雨直奔對面的快捷酒店。從相識到相交，他們只用了不到一個月的時間。

小雨跟老周相交之後，經常跟著老周出入各種高檔飯店，頻繁參加大公司的集團活動，也因此拓寬了一點人脈，結識了不少名流。聽說，她前陣子還替業務部出頭促成了一樁大訂單。當然，老周也沒少在這中間賣力斡旋。

我擔心老周又一次被愛情衝昏頭，經常提醒他注意分寸，別陷得太深。而老周也知道小雨對自己另有所圖，他說兄弟你放心，我知道，小雨只是把我當成一座通往捷徑的橋。

## 別讓欲望變成了無法控制的魔獸

某天，老周接到個電話，是個男孩打的，自稱為小雨的青梅竹馬。老周很不屑，根本沒記住他的名字。既然是青梅竹馬，老周便稱呼他為小馬。他約了小馬見面，那是個很清秀的年輕人，渾身透著斯文勁兒毫無氣場，唯唯諾諾，存在感很弱。後來老周跟我說，他在小馬身上看到了自己的影子。

小馬也在那家地產公司就職，不過是在上海的一家門店做底層仲介。他說他跟小雨從高中到大學，你儂我儂，形影不離。本來他在老家的父母已經幫他安排了一份工作，可惜小雨志在四方不想回家，他只好為了愛情陪她漂泊在外。

小馬這次是特意請假過來的，他沒有提前通知小雨，直接到了北京分公司，想給她一個驚喜。但是到了之後他才發現，喜沒了，就剩驚了。公司裡有關小雨的流言四起，說她正在和一個老男人搞曖昧。小馬不甘心被戴綠帽子，便四處打聽老周的聯繫方式，想跟他說明白。

老周聽完了他的故事，掏了掏耳朵，看著眼前不諳世事的小馬，忽然問：「年輕人，你現在一個月賺多少錢？」小馬愣了下，結結巴巴地說：「三……三四千吧。」老周窮追不捨：「具體點，三千還是四千？」「四……四千多。」

老周笑了：「你底薪也就兩千不到吧，做房屋業務吧？仲介費能拿多少？頂多兩個點，三千的小套房能拿五、六百塊錢的抽成吧？一個月滿打滿算能做談成幾單？七、八單？算你十單，八千塊錢。不過我看你這性格，不像是能做大生意的人，一個月……五千塊錢撐死了吧？」小馬開始冒汗，他沒想到老周竟然對他的收入瞭若指掌。

老周不屑地蹺著二郎腿繼續追問小馬：「你知道我一個月賺多少錢嗎？我在這行業混了十多年，目前掛職副主編，月薪稅前兩萬。我一個月至少參加十場媒體的發表會，每場車馬費一兩千不等。我自己還有一個不到十萬粉絲的自媒體頻道，接廣告也是五位數起。平時我再給其他平台寫寫稿子發發文，你算算，你拼著老命工作一年，能有我一個月賺的多嗎？」

「有錢了不起啊？」小馬不想放棄，「我現在剛畢業，我還年輕，以後我會賺很多錢的！」老周被逗笑了：「你知道你們年輕人最值錢的地方是什麼嗎？就是你的年輕和天真。你算過你什麼時候才能在北上廣買房買車嗎？三年？不行吧，五年？靠不靠譜？沒信心？十年，二十年？你能等，小雨她等得了嗎？」小馬依然不依不饒，說「只要我肯沒命地工作，早晚能給她幸福的生活。」

「你們倆現在到底是誰在給誰幸福？」老周提高了嗓門，像是在訓一個小學生，「小雨為什麼選擇做公關，我想你比我清楚。她意識到自己能夠靠外型創造價值，這就是她的資本。在這個物質社會，她當然需要錢，哪個女人不愛錢呢？她的外型為她加分。而你能力平平，你拿什麼給小雨幸福呢？又能憑什麼來跟我競爭？我精英大學畢業，一路摸爬滾打走到今天，我雖然只開五、六十萬的中檔車，住在三環的二房，但你要知道，三環的房價都十萬一坪了。而你現在賺的這點錢別說買房子，交房租都困難吧？你說你要給小雨幸福，難道你要她跟你在城中村、筒子樓、合租房裡面結婚過日子嗎？她整天跟你擠公車捷運會幸福嗎？你說你為了小雨拋棄了家鄉公務員的穩定工作，跑來當仲介。你張口閉口都是你為小雨犧牲了多少，等到以後呢？你們在北上廣繼續混下去，早晚有一天你會發現，你就算玩著命地賺錢也依然買不起房開不了車，只能在社會底層艱難糊口，那時候你會不會還拿這套說辭來嗆小雨？說你為了她犧牲了多少多少，到頭來卻兩手空空。真到那個時候，你對她所有的愛和付出都會變成你抱怨她嫌貧愛富的藉口。在這個城市裡，小雨可以憑藉她的美貌和出眾的社交能力為自己加分，奮鬥出一條美好的出路，而你……」老周最後總結道，「你已經耽誤她那麼久了，聽我的話，老老實實回小城市安安穩穩地過小日子，別耽誤小雨了。」

小馬那天歇斯底里地哭了很久，像個神經病。他離開飯店之後，老周忽然比他更難過、更歇斯底里、更神經病地痛哭了一場。他喝得酩酊大醉，連聲咒小馬的無能和耽誤小雨青春的癡心妄想。我理解他的感受，因為他今晚對小馬說的話，或許曾經也有人這樣對他說過。

在那之後，老周再也沒見過小雨和小馬，他們兩人一前一後地回了上海。老周明白，小雨之所以跟他在一起，也只是看上了他的資源和關係，他也清楚小雨愛的是小馬，可他更知道那份天真的感情，早晚要敗在世俗的柴米油鹽醬醋茶上。

聽說小雨最後懷著對小馬的愧疚，在一時衝動下跟他領了證。婚禮是在南昌老家舉辦的，結婚前，小雨竟然還稀哩糊塗地給老周發微信，感謝他曾經對自己的幫助。老周說不用客氣，猶豫再三，還是囑咐了小雨一句：「你要晚點嫁，他現在很窮，你這樣，對你們都不好。」

想了想，老周又覺得自己真是多管閒事，便把這句話撤了回來。小雨沒有回老周的訊息，老周也不知道她有沒有收到。總之，二人匆忙成婚後，又一起趕回了上海。小馬接二連三地換了幾份工作，但都是比較一線的基層員工，收入一隻手就能算出來，而小雨憑著自己良好的外型和過人的口才，頻頻出席各種活動，儼然正在向女強人邁進。

他們成婚那天，小馬給老周發了條短信：「我贏了，小雨最終還是我的。」老周沒理他，因為他清楚小馬的下場，不懂得放棄的人早晚要自食苦果。

老周這次來上海參加一個民營銀行的活動。趕著互聯網金融理財的風口，他最近的關注點也偏向於金融業，每隔半個多月就要往上海跑一次。他站在外灘的高層酒店天臺上，透過巨大的玻璃窗，看著黃浦江那邊的陸家嘴。江邊各種形狀的高樓大廈鱗次櫛比，下面停著一排排豪車，錯落有致的霓虹燈閃爍不停，火樹銀花，照得這個大都市五光十色。

他想起了曾經某個人對自己說的一句話：「這個社會的規則就是大魚吃小魚，小魚吃蝦米，你沒本事，就別怪我對你的女人下手。」又想起了小馬回敬他的那句「我贏了」。他忽然有點空虛寂寞冷，他決定教訓教訓小馬，於是他掏出手機，翻到了小雨的微信，發了條訊息：「我在外灘的希爾頓酒店。」

很快就收到了那邊的回信，她說：「周哥你等我，我稍微打扮一下，這就來。」老周看著微信，苦笑一聲，把她拉入了黑名單。

# 但知行好事，更要問對錯

如果你經常逛一些3C產品論壇，可能會隔三岔五地看到這類帖子：急賣！為給弟弟治病，姐姐揮淚賤賣新電腦，低價，給錢就賣！人命關天！十萬火急！請大家都點進來看一看！

你很好奇，輕點開連結，大意是說樓主是個女大學生，存了幾個月的錢，剛買了台新電腦，但是不巧，家裡有人生重病，急需用錢，無奈，她只能賣掉。原價一萬多的筆記本，現在只賣三千塊。並特別強調，因為著急用錢，所以只能當面交易。

女大學生的故事講得聲淚俱下，有模有樣，文章裡還點綴著嶄新的機器照片和漂亮的少女自拍。評論區裡，一幫沒見過世面的宅男爭先恐後地點讚留言，讚揚她的精神（當然也可能只是因為樓主頭像好看），紛紛幫她頂帖。

你看到電腦這麼便宜，賣主又是個漂亮小姑娘，想著機不可失時不再來，當即跟她約好當面交易，地點約在中關村。一出捷運口，你就看見了她，她長相甜美，身材纖細，跟照片上一模一樣。這個看起來無害的小姑娘會把你領進任意一座商城的地下商鋪，告訴你說為了方便寄賣，所以電腦託管在這裡。有人把你領進櫃檯，從裡面拿出一台成色很好的筆記本，任你把玩。

你拿著電腦上下端詳，配置高檔，功能正常，裡外都看不出毛病。你一邊觀察著電腦，一邊上下打量著這個纖細瘦弱的小姑娘，覺得自己占了大便宜，盤算著交易完成後，請她吃個飯喝個茶，說不下還能留個微信。

想到就要占了人財兩收的大便宜，你痛快地交了錢。女孩把錢收好後，說電腦裡還有些她的資料，要拷貝一下。你毫無戒心地把機器遞給她，她拿過機器，一轉身，忽然，你旁邊就憑空冒出幾個東北大漢，他們把你團團圍住，說這台電腦有問題，不能賣給你。

你嚇到了，轉身想去找女孩理論，卻發現她已和電腦一起消失不見。你這才明白自己上當了，你試圖報警，但一無憑據二無證人，警察來了也只是簡單地做個調解。最終，他們會從櫃檯裡拿出一台只值幾百塊錢性能過時的二手電腦，把你打發走，你因此損失了好幾千塊錢。這個騙術經久不衰，直到現在，仍每天在中關村上演。你問我為什麼這麼清楚？因為我有幾個朋友曾經就靠這個騙局謀生。

不信你可以去科貿二層蹲點，我甚至可以給你提供幾個專門做這種事的攤位號。可是，儘管我多次在各種管道曝光這幫騙子，但總會有層出不窮的人跑去上當。為什麼呢？因為它利用了你的愛心。

二〇一六年有一個熱點新聞，不知道還有多少人記得。說有一個叫羅一笑的小女孩身患白血病，她的父親寫了篇文章，宣稱有家公司承諾按照轉發量給她捐款，凡轉發一次，他們就為其捐款一元錢。

煽情的故事和「轉一次捐一元錢」的承諾，極大地激發了人們轉發的欲望。轉發者們瘋狂地將文章進行擴散。在轉發的同時，還不允許別人質疑文章的內容。你一旦問了，就會有人罵你沒有愛心，甚至還有更缺德的人說：「萬一以後你的孩子也得白血病了呢？」

於是放眼望去，每個人都在朋友圈裡擴散著自己的善意，最終，文章在半個小時內獲得了十萬加的閱讀量，而這篇文章的作者光靠微信公眾號的打賞，就收入了約二百六十七萬元。

但大家不知道的是，這個小姑娘的父親在文章裡，是個看不起病的窮人，女兒生病了，甚至還需要他「賣文救女」；其實他在深圳有三間房兩輛車，還開了一家廣告公司，算是一位成功人士了。

雖然被騙了，但畢竟沒造成網友的直接損失，大多數人並不會計較背後的故事。被曝光後，甚至還有很多網友為自己辯解：「因為我是善良的，所以我願意被利用，我表現我的愛心沒有錯。就算我被騙了，也沒關係，只是動動手指轉發一下而已，哪怕捐錢了，也只是幾元錢。」最後，他們會高尚的總結說：「但行好事，不問前程。」

我問過一個員警朋友：朋友圈的謠言有什麼危害。「謠言就是假資訊，如果其中涉及手機號，多是電信詐騙，或者是收費號碼，更多的是詐騙別人。放一個無辜的人的手機號，說他撿了別人的錢包身份證。結果這人一天接了上百個電話，嚴重影響了他的正常的生活作息。還有就是商業行銷，打著獻愛心轉發的幌子，其實是給企業做宣傳，賺流量。更有甚者，就是純粹造謠，唯恐天下不亂。」

想一想，有多少人會不假思索地轉發擴散，又會有多少人跳入圈套，最終錢貨兩空？當然，轉發的人可以說這個事情跟你無關，那些上當的人是因為他們自己想占小便宜，活該，反正上當的不是你們，你們頂多是傳播假信息的幫兇。還會解釋說：「畢竟我們的出發點也是好的，只是善心被人利用了。」可是，這個弱肉強食的社會之所以能夠有序地發展至今，就是因為一條亙古不變的真理：儘管你已經很蠢了，但總有人比你更蠢。設想一下，萬一看到虛假資訊的人是你的孩子、弟弟、妹妹、外甥、小侄子呢？

他們拿著省吃儉用省下的零花錢或者獎學金，甚至是學費，看到了你在朋友圈裡隨手轉發的假資訊，高高興興地去中關村買手機，結果不但被人騙走了錢，還被暴揍了一頓。於是，他哭著跑出中關村，在回學校路上越想越氣，越琢磨越憋屈，不知道如何跟家裡交代，臉上沒光，丟人又窩囊。他一下子想不開，忽然，就從過街天橋上跳了下去了。

因為看了一條你們隨手轉發的虛假資訊，這個年輕人就自殺摔死了。別說我危言聳聽，二〇一七年，女大學生蔡淑妍就因被電信詐騙騙取學費和生活費後，跳海自殺死亡。當你得知你成了騙子們聚粉斂財的工具，你還覺得自己高尚嗎？當你得知你的家人被騙了，你還在幫人數鈔票，你還會這麼開心嗎？還覺得你隨手一轉的假消息沒有危害嗎？

說白了，那些之所以能講出「但行好事，莫問前程」這種說辭的人，只是因為被虛假消息欺騙的人，跟他無關。別覺得轉發謠言沒有危害，或許下一個被謠言欺騙的人就是你的家人。行好事，更要問對錯，因為在這個複雜的社會裡，不問對錯的好事，往往是壞事。

國家圖書館出版品預行編目 (CIP) 資料

在別人的地圖上，找不到自己的路 / 澈言著 . --
初版 .
-- 臺北市 : 沐光文化股份有限公司 , 2021.02
面； 公分
ISBN 978-986-99425-0-8( 平裝 )

1. 人生哲學 2. 自我肯定

191.9 110002228

# 在別人的地圖上，找不到自己的路

**作　　者**　澈言
**封面設計**　倪旻鋒
**內頁排版**　游萬國
**總 編 輯**　陳毓葳
**社　　長**　林仁祥
**出 版 者**　沐光文化股份有限公司
**發　　行**　沐光文化股份有限公司
台北市大安區安和路 2 段 92 號地下 1 樓
**電話**／(02)2805-2748
E-mail：sunlightculture@gmail.com
**印　　製**　通南印刷股份有限公司　**電話**：(02)2221-3532
**總 經 銷**　大和書報股份有限公司
**電話**：(02)8990-2588　**傳真**：(02)2299-7900
**地址**：新北市五股工業區五工五路 2 號
E-mail：liming.daiho@msa.hinet.net
**定　　價**　330 元
**初版一刷**　2021 年 3 月